Dictionnaire insolite du Mexique

Dictionnaire insolite

du Mexique

René Palacios

COSMOPOLE

Dans la même collection

Australie • Belgique • Berlin • Chine •
Cuba • Écosse • Égypte •
Florence • Grèce • Inde • Indonésie •
Japon • Lisbonne • Londres •
Madagascar • Maroc • Malaisie •
New York • Norvège • Québec •
Rome • Roumanie • Sénégal • Sicile •
Sri Lanka • Tahiti • Thaïlande •
Venise • Vietnam

Bretagne • Pays basque

Collection dirigée par Patrick Arfi et Vanessa Pignarre.
Conception graphique : Amélie Pignarre.

ISBN 978-2-84630-075-9
www.editionscosmopole.com – contact@editionscosmopole.com

Né à Mexico, René Palacios a fait ses études à la Sorbonne. Après une expérience dans l'édition, il a rédigé plusieurs publications dont *L'Opéra en clair* (Ellipses, 2010) et collabore à la revue *ProÓpera* publiée au Mexique. René Palacios travaille à l'Opéra national de Paris et retourne tous les ans au Mexique.

À Maria-Teresa et Jorge

Introduction

Le Mexique intrigue par ses contradictions et ses démesures. C'est un pays que l'on aime ou que l'on peut détester, mais qui ne laisse pas indifférent. Mélange du magnifique et de l'horreur à l'excès, il suscite à la fois malaise et bien-être.

Il est facile de tomber amoureux de son soleil, de ses paysages, de sa culture, mais comment ne pas réprouver sa délinquance, ses différences sociales, son trafic de drogue? Abel Quezada, un caricaturiste mexicain, disait: «être Mexicain n'est pas une nationalité, c'est un vice». Cette boutade résume bien cette déviance vers un penchant hors norme. Le Mexique unifie le majestueux et l'abominable, le magique et le cauchemardesque, la réalité au révolu. Il est en constant dialogue avec son passé, et d'une complexité telle, qu'il est difficile à saisir.

Le Mexique a été le siège de civilisations pré-colombiennes cruelles, brillantes et mystérieuses pour un Occidental. Et on ne connaît de ce pays finalement qu'un certain nombre d'idées reçues: le *chili con carne* (qui n'est d'ailleurs pas mexicain), les cactus, Speedy González, les *sombreros*, la sieste... tous ces clichés qui se sont imposés à nous souvent via le grand voisin du nord. Porfirio Diaz, un dictateur mexicain, déplorait déjà cette situation géographique: «pauvre Mexique, si loin de Dieu et si proche des États-Unis», et Benito

Juárez de surenchérir avec cette boutade: « Il y a entre le Mexique et les États-Unis… un désert. » Mais tout compte fait, que connaît-on réellement? Sait-on par exemple, qu'un mystérieux télégramme envoyé par l'Allemagne à Mexico précipita l'entrée des États-Unis dans la Première guerre mondiale? Que la mort se croque sous forme de gâteaux? Qu'un incident diplomatique éclata contre la France à la suite d'une affaire de mitrons, appelé la « Guerre des pâtisseries »? Qu'un président occupa le poste onze fois? Ou qu'un peintre mexicain est enterré au Père Lachaise, à Paris?

Le Dictionnaire insolite du Mexique n'a pas l'ambition d'aborder toutes ses facettes, cela serait perdu d'avance. Le lecteur découvrira, lors de son voyage, d'autres mystères et vivra certainement des expériences inhabituelles.

Avertissement: les mots suivis d'un astérisque (*) font l'objet d'une entrée spécifique.

A

ACAPULCO

L'image d'Acapulco pourrait être celle d'une diapositive qui s'est ternie lentement avec le temps. Le cliché spectaculaire et célèbre du plongeur se jetant dans le vide depuis la falaise Quebrada, a perdu ses couleurs. Pourtant, dans les années 1970, Acapulco était une destination huppée et très convoitée, l'endroit où il fallait se trouver. Des films et des chansons en faisaient l'apologie, alors que les grands hôtels de luxe tels le Las Brisas voyaient le jour. L'ex-batteur des Beatles, Ringo Starr, lui dédia même une chanson.

Située dans l'État de Guerrero, la mythique station balnéaire a été créée dans les années 1940, sous la présidence de Miguel Alemán même si le port existait depuis l'arrivée des Espagnols. Depuis les années 2000, le nombre de visiteurs a considérablement chuté. Les plages n'ont plus le rayonnement d'antan et la station serait même au bord de la faillite. L'ouragan Paulina en 1997 a eu des conséquences désastreuses et Acapulco ne s'en remet toujours pas, les investissements se font rares… Acapulco ou la mort d'un mythe?

ACOCILES

Présents dans la cuisine depuis l'époque précolombienne, les *acociles* sont des crustacés au goût de crevette. De couleur verte, ils deviennent rouges après leur cuisson. Ils se mangent grillés ou dans des potages mélangeant différents fruits de mer.

ADELITA

À l'origine, le *corrido* de *La Adelita* est une chanson populaire issue de la révolution* mexicaine, aussi célèbre que *La Cucaracha*. Elle raconte l'histoire d'une jeune fille « courageuse » et « follement amoureuse » d'un sergent qu'elle suit dans tous ses déplacements. Par extension, on s'est mis à appeler *adelitas* toutes ces femmes qui accompagnaient les hommes dans la lutte armée – les *soldaderas* –, puis le terme a désigné la figure de la femme libre et révolutionnaire.

Le cliché du photographe mexicain Casasola (*voir archives*) a immortalisé l'Adelita : elle est jeune, cheveux noirs en bataille, la peau mate encrassée, vêtue d'une longue jupe et fixant les yeux grands ouverts vers la droite, comme si elle fuyait le danger – les années noires de lutte révolutionnaire à venir qui donneront naissance au Mexique moderne.

AGAVE

L'agave est une espèce de cactus* avec lequel on réalise la Tequila* et le *mezcal** après distillation. D'autres boissons plus populaires comme la *charanda* ou l'*alipus* (jus d'orange, *charanda*, sel et piment) sont aussi obtenues à partir de l'agave. Il est facile à reconnaître car ses feuilles sont plutôt larges, alors que celles d'autres cactus sont arrondies.

AIGLE ROYAL

Symbole vivant du pays, l'aigle royal est intensément lié à l'identité nationale du Mexique. Figure principale du mythe d'Aztlán*, il s'agit d'un animal récurrent dans les armoiries de l'État. Il apparaît d'ailleurs sur le drapeau mexicain dès l'indépendance et le premier Empire en 1822. D'un plumage brun et aux ailes d'une envergure de plus de deux mètres, il est aujourd'hui en voie d'extinction. Sa reproduction en captivité fait l'objet d'un programme gouvernemental. Coïncidence : en 2006, dans le parc naturel d'Africam Safari (de Puebla), le premier aigle royal né en captivité a vu le jour le 24 février, date où l'on fête... le drapeau national.

ALEBRIJE

Les *alebrijes* sont des statuettes en papier mâché inventées par l'artiste Pedro Linares López. En 1936, à l'âge de trente ans, une fièvre s'empare de lui. Alité, pris d'hallucinations, il croit se trouver dans une forêt remplie d'étranges créatures : un âne avec des ailes, des dragons, des diablotins, des chats avec de longues pattes, etc., alors qu'une voix angélique s'élève et crie « *¡Alebrijes! ¡Alebrijes!* ». À son réveil, Pedro Linares veut partager cette expérience fabuleuse, mais personne ne le comprend ; il recrée alors ses visions en figurines de carton, et les baptise *alebrijes*. Zoomorphes, multicolores et de toutes les tailles, pouvant avoir de longues pattes, une queue ou des cornes pointues, rassemblées sur les marchés d'artisanat comme une armée d'insectes prêts à l'assaut, celles que l'on trouve aujourd'hui sont la plupart fabriquées en bois.

ALFARO SIQUEIROS, DAVID

David Alfaro Siqueiros (1896-1974) est un des trois grands peintres muralistes du Mexique avec Orozco* et Rivera*, dont il se distingue sur plusieurs points. Siqueiros est d'abord un activiste qui fait passer la politique avant l'art : à 16 ans, il s'engage dans la Révolution* et en 1923 publie sa vision du muralisme dans la revue syndicale *El Machete*, seul moyen pour lui que « les masses » puissent avoir accès à la culture et à l'éducation. Par exemple son *Retrato de la burguesía* représente dans une atmosphère noire et pessimiste sa conception de la bourgeoisie. En 1936, il s'engage dans la Guerre d'Espagne au côté des Républicains, fonde le syndicat de peintres révolutionnaires, et adhère au parti communiste.

Son engagement lui vaudra de s'exiler, et dans les années 1960, d'être emprisonné pendant quatre ans pour avoir critiqué le gouvernement mexicain. À sa libération, il peint l'impressionnante *Marcha de la humanidad en América latina hacia el cosmos* considéré comme le mural le plus grand au monde, situé dans le Polyforum Cultural Siqueiros, à Mexico. Cette œuvre se veut exemplaire dans le mélange des techniques de peinture et d'architecture.

ARBRE DE TULE

L'historique cyprès, ou *ahuehuete*, connu sous le nom d'« arbre de Tule », possède le tronc le plus gros au monde avec un diamètre de 14 m, une hauteur de 40 m et aurait plus de 2 000 ans. Les inquiétantes sinuosités formées par les nœuds du bois sont à l'origine d'une imagination populaire qui y reconnaîtrait des visages humains ou des figures zoomorphes. Les arborescences esquisseraient diverses expressions et l'on pourrait passer de longues heures à essayer de les discerner. Planté dans l'atrium de l'église Santa Maria del Tule, dans l'État d'Oaxaca, l'arbre possède une aura mystique. La légende raconte qu'il aurait été cultivé par un prêtre en hommage au dieu du vent aztèque, Ehécatl.

ARBRE DE LA NUIT TRISTE

L'arbre sous lequel Cortés se mit à pleurer lors de la Nuit triste* existe encore de nos jours. Ce cyprès est une relique historique avec un misérable tronc et de vieilles racines qui percent difficilement le sol de Mexico au milieu de la circulation et de la pollution. Il a été deux fois victime d'incendies, en 1980 et 1981. La station de métro Popotla sur la ligne 2 se situe en dessous de l'*ahuehuete* et l'utilise comme symbole.

ARCHIVES CASASOLA

Les archives Casasola contiennent plus de 850 000 documents relatifs à l'histoire du Mexique, photos, négatifs et films du début du XXe siècle jusqu'aux années 1970. D'une valeur culturelle inestimable, elles sont constituées majoritairement d'œuvres d'une seule famille, dont les reporters les plus célèbres sont Agustín Víctor Casasola et Miguel Casasola. Le fonds, véritable machine à remonter le temps, est un témoignage de l'évolution sociale du Mexique : la misère et la pauvreté du début du XXe siècle, la Révolution*, les grèves, les manifestations, les conditions des paysans et des ouvriers, etc. Parmi les clichés les plus connus : « Villa y Zapata sur la chaise présidentielle », le célèbre portrait de Zapata*, celui de Pancho Villa* sur son cheval, celui d'une *soldadera*, l'image typique de l'Adelita*... Seule une petite partie du fonds est ouverte au public, à Pachuca, dans l'État d'Hidalgo, au nord de Mexico.

ARRIVÉE À MEXICO

Que vous arriviez de jour ou de nuit, survoler Mexico est une expérience magique et inoubliable si vous avez la chance d'être assis à côté du hublot pour l'admirer. Pendant 15 minutes, l'avion parcourt un énorme océan de bâtiments et de longues avenues interminables... Un impressionnant tapis d'asphalte se déroule jusqu'à l'horizon et ondule sur les collines urbanisées. En arrivant de nuit, vous n'apercevrez qu'une inquiétante mer de lumières sans fin. Perdu dans l'obscurité, vous aurez l'impression de plonger dans le gouffre de la ville. Un spectacle à ne pas rater malgré la fatigue du voyage.

ATLANTES DE TULA

Anciens piliers d'un temple, les Atlantes de Tula sont d'imposants guerriers d'une hauteur de 4,5 m, sculptés dans la pierre basaltique. Ils portent un papillon sur leur poitrine et un soleil à tête d'humain dans le dos. Érigés sur le sommet du temple Tlahuizcalpantecutli, ils intriguent les visiteurs venus à Tula, l'ancienne capitale des Toltèques. Leur mystérieuse apparence est source d'histoires invraisemblables : ces représentations colossales seraient l'œuvre d'extraterrestres...

ATLANTES DE TULA (SYMPHONIE)

Los Atlantes de Tula est une symphonie musicale moderne composée par Omar Jasso, du groupe Flamingo Rock. L'œuvre, commandée par le gouverneur de l'Hidalgo dans les années 1980, cherchait à exalter musicalement le caractère national du Mexique. La partition mélange l'utilisation du synthétiseur, des instruments traditionnels et des sons dits préhispaniques. Le troisième mouvement « Le départ de la Vierge extra-terrestre », souvent catalogué comme rock progressif mexicain, est d'une joie intense qui va en *crescendo* jusqu'à la fin du mouvement, soutenu tout le long par le clavier et la basse. Si cette œuvre a sombré dans l'oubli, il s'agit pourtant de l'une des plus grandes réussites musicales de la musique moderne mexicaine, à l'instar du *Huapango* de Moncayo.

ATOLE

L'*atole* – prononcez [ah-to-lé] – est une boisson fabriquée à base de farine de maïs* battue jusqu'à obtenir une consistance épaisse. On trouve des *atoles* de toutes les saveurs : fraise, mangue, chocolat... Au petit-déjeuner, cette boisson accompagne souvent une *torta* de tamal*, sorte de sandwich au maïs.

AXOLOTL

L'*axolotl*, ou *ajolote* [a-chau-leau-tl], est une salamandre qui se reproduit uniquement dans les eaux des montagnes de Mexico. Cet amphibien fascine pour plusieurs raisons. Tout d'abord, son corps peut se transformer quand il passe de la vie aquatique à la vie terrestre. Il peut vivre toute sa vie en état larvaire, un phénomène connu sous le nom de néoténie. Son apparence suscite la curiosité des scientifiques et des amateurs : de couleur rose ou albinos, il a la queue d'un têtard, les quatre pattes d'un amphibien et des branchies externes qui semblent ornées de plumes. L'*axolotl* ne développe pas de poumons s'il reste dans son habitat aquatique. Enfin, il possède une grande capacité de régénération et peut renouveler des organes défectueux ou nécrosés.

Depuis le mois d'avril 2012, il est possible d'en observer un au Muséum national d'histoire naturelle, à Paris. Cet amphibien est aujourd'hui une espèce menacée et en voie d'extinction.

AZUELA, MARIANO

Né en 1873 à Lagos, dans l'État de Jalisco, Mariano Azuela était médecin ; mais c'est surtout l'un des plus grands écrivains mexicains du XXe siècle. Considéré comme le « romancier de la Révolution », il dénonça les injustices sociales et s'opposa ouvertement à la dictature de Porfirio Diaz*. Pendant la révolution* mexicaine, il fut lieutenant-colonel et chef du service médical dans l'armée de Villa*. Cette expérience lui permit d'être au cœur des combats et d'écrire en 1916 son plus grand roman : *Ceux d'en bas**, le premier sur la Révolution. Azuela a écrit d'autres œuvres importantes telles *Mauvaise graine* (1909), qui ne sont pas à ce jour traduites en français.

AZTÈQUES

Voir Civilisations précolombiennes.

AZTLÁN

Le récit d'Aztlán est celui des origines. Selon la mythologie aztèque, les premiers Mexicas quittèrent l'île d'Aztlán sur l'ordre du dieu Huitzilopochtli, en quête d'un lieu propice pour fonder leur nouvelle cité. Selon la prophétie, ils devaient s'arrêter à l'endroit où ils trouveraient un aigle posé sur un *nopal* (cactus*) dévorant un serpent. La légende et les codex précolombiens précisent qu'ils aperçurent cette scène fabuleuse dans la région lacustre de Texcoco après une migration de deux siècles. Les Mexicas y fondèrent alors Tenochtitlán*, aujourd'hui recouverte par Mexico. Ce récit originel est représenté sur le blason du drapeau mexicain, sur les papiers officiels du gouvernement, et sur une des faces des pièces de monnaie.

Certains sceptiques remettent en cause cette légende : les Aztèques se seraient installés dans une région aussi inhabitable, non pas à la suite d'un signe divin, mais parce que le pays était déjà peuplé et que ce fut le seul endroit qu'ils trouvèrent...

B

BANDE DESSINÉE

Les *historietas* mexicaines, ou les *monitos* et les *muñequitos* en espagnol, sont totalement inconnues en Europe. Au début du XXe siècle, la bande dessinée locale est diffusée grâce aux journaux, mais s'insère surtout par le biais de planches publicitaires placées à l'intérieur des boîtes de cigares El Buen Tono ; elle n'avait aucun style précis.

Il faut attendre les années 1940 pour voir apparaître une bande dessinée typiquement mexicaine qui ne cherche pas à imiter celle des États-Unis ou les albums européens. On voit alors surgir *La Familia Burrón*, de Gabriel Vargas, illustration d'une famille de classe moyenne, et *Los Supersabios*, de Germán Butze, qui narre les aventures de trois amis scientifiques. Dans les années 1960, l'écrivain et caricaturiste Rius* donne au genre un rôle didactique. Une voie que l'illustrateur Abel Quezada* avait déjà ouvert dans les années 1950 avec son personnage du « Charro Matías ». Pendant les années 1980, de jeunes talents révélés par le journal *Uno más Uno* renouvellent le genre en critiquant la société d'une manière originale, presque surréaliste : Ahumada, Sergio Arau, Magú, el Fisgón, Jis et Trino sont les plus célèbres. Ces deux derniers créèrent le catcheur mythique *El Santos*, une série qui met en scène toutes sortes de personnages sans morale, désordonnés, et chaotiques : le diable Zepeda, le Peyote assassin, Godzilla, et la Tetona Mendoza, une femme qui exhibe ses seins sans pudeur. Les situations ne sont qu'une accumulation d'événements excessifs, farfelus et absurdes. En 2002, le musée de la Caricature et de la Bande Dessinée (Museo de la Caricatura y la Historieta) ouvre ses portes dans l'État de Morelos.

BARCELONNETTES

Au début du XIXe siècle, un groupe d'immigrés originaires de la vallée de l'Ubaye, dans les Alpes de Haute-Provence, se rendit au Mexique afin de se lancer dans les affaires. Ils ouvrirent plusieurs commerces, notamment dans le secteur du textile. Les Barcelonnettes, du nom de leur ville d'origine, firent fortune. Bien que ce ne fût pas le succès pour tous, leur patrimoine laissé au Mexique est considérable. On y compte par exemple les deux principaux grands magasins du pays : le Palacio de Hierro, inauguré en 1891 et dont le premier bâtiment se trouve dans le centre de Mexico, et le Liverpool, à l'origine appelé « le port de Liverpool ». L'héritage fut aussi culturel avec la création en 1950 du Lycée franco-mexicain, situé dans la Colonia Polanco, à Mexico.

BARRANCA DEL COBRE

La Barranca del Cobre (littéralement « le ravin de cuivre »), située dans la Sierra Tarahumara, au nord-est de l'État de Chihuahua, est composée de six canyons de plus de 1500 m de profondeur. Elle livre un panorama dur, d'un caractère majestueux avec des formes naturelles colossales. Depuis les miradors, les interminables ravins se laissent apprécier. Attention au vertige ! La Barranca del Cobre se traverse par le train Chihuahua al Pacífico*, ou grâce à un téléphérique d'une longueur de trois kilomètres.

BARRAGÁN, LUIS

Né à Guadalajara, Luis Barragán (1902-1988) est architecte. En 1945, ce « poète de la pierre » réalise à Mexico le projet urbain des « Jardines del Pedregal de San Ángel » sur un terrain envahi par la lave, donnant à la composition des rues une sinuosité très particulière. Son travail, comme les Torres de Satélite*, se caractérise par la sobriété et la recherche d'un « calme visuel ». Il réussit à marier ombre et couleurs vives, crée de grands espaces, des jardins et introduit la présence d'antiquités au milieu de lignes modernes et épurées. Sa Maison-atelier (Casa Barragán) est classée au patrimoine de l'humanité par l'Unesco, titre rare pour une maison individuelle. Située dans le quartier de Tacubaya, à Mexico, elle est considérée comme une œuvre d'art représentative de la construction contemporaine. En 1980, lorsque Barragán reçut le prix Pritzker, l'équivalent du Nobel pour l'architecture, il fit remarquer que les mots « sérénité » et « silence », « le meilleur antidote contre l'angoisse et la peur », ne sont plus au cœur du métier. Ses archives auraient été vendues au musée Vitra Design Museum, en Allemagne.

BATAILLE DU 5 MAI

En 1861, la nouvelle administration du président Benito Juárez* décrète la suspension du paiement de la dette à l'Angleterre, l'Espagne et la France. Les trois pays créanciers voient alors un prétexte pour intervenir militairement. Les intentions de Napoléon III vont plus loin : imposer un empereur* catholique au Mexique en la présence de Maximilien d'Autriche pour contrer les États-Unis protestants. Après avoir débarqué au début 1862, l'Espagne et l'Angleterre se retirent, mais les troupes françaises continuent leur avancée dans l'État de Veracruz, pénètrent dans la ville d'Orizaba et s'avancent vers Puebla. Là, elles sont stoppées et battues par l'armée mexicaine du général Zaragoza le 5 mai.

La commémoration de la *batalla de Puebla* ou du *5 de mayo* est depuis l'occasion de festivités. Tous les ans, les habitants de San Miguel de Tlaixpan reconstituent l'événement : les uns représentent les soldats français, les autres l'armée mexicaine et s'habillent en *chinacos* montant à cheval et portant des machettes, ou en Indiens Zacapoaxtlas.

BÉSAME MUCHO

Bésame mucho est une des chansons du XXe siècle les plus connues au monde. Elle a été composée en 1940 par Consuelo Velázquez, alors que celle-ci n'avait que 16 ans et n'avait encore jamais embrassé personne. *Bésame mucho* est un *boléro*.

BILLETS

Sur les billets de banque, des personnages intrigueront peut-être. Certains vous seront connus tels que Diego Rivera* et Frida Kahlo*, tous deux figurant sur le billet de 500 pesos. Sur le bleu de 20 pesos, c'est

Benito Juarez* qui est représenté. Sur le violet de 50 pesos apparaît Morelos et son mythique *paliacate* (foulard) autour de la tête – lors de manifestations nationales, on imite souvent la tenue de cet indépendantiste et héros mexicain. Sur le rouge de 100 pesos prend place le buste de Nezahualcóyotl, un dirigeant et grand poète du XVe siècle. Sor Juana Inés de la Cruz, une des dramaturges du XVIIe les plus emblématiques, honore le billet vert de 200 pesos.

C

CACTUS (NOPAL)

Le *nopal*, une espèce de cactus qui diffère de l'agave*, se déguste dans une grande variété de plats après avoir été dépouillé de ses épines. Connus plus précisément sous l'appellation au pluriel *nopales* ou *nopalitos*, ils peuvent être grillés avec une sauce, dans les *quesadillas**, les *tacos**, ou tout simplement crus dans une salade. Le *nopal* peut être aussi servi le matin dans un jus de couleur verte très rafraîchissant. De plus, on savoure la *tuna*, le fruit du nopal, tout en faisant attention car elle regorge de pépins.

CAFÉ DE OLLA

Le *café de olla*, café de « pot » ou de « marmite », est typiquement mexicain. Fortement parfumé, au goût de cannelle très prononcé et rappelant l'anis, il se marie parfaitement avec les desserts. On peut aussi y ajouter une sorte de sucre de canne roux (*piloncillo*). Généralement, le *café de olla* est servi dans une tasse en terre cuite afin de relever sa saveur et d'accentuer son caractère rustique.

CALAVERAS (POÈMES)

Les *calaveras* (« squelettes » en français) sont des

poèmes dithyrambiques ou satiriques que l'on écrit lors de la fête des morts. Composés de plusieurs quatrains en vers libres, ils s'adressent à une personne vivante et mettent en scène le personnage de la Mort. La *calavera* peut déconcerter si on la considère comme une offense macabre ou un sort de mauvais goût que l'on chercherait à jeter sur quelqu'un. Mais il s'agit plutôt de tourner en dérision les vivants, grâce à la mort.

CALENDRIER AZTÈQUE

Le calendrier aztèque, ou la *piedra del sol* (la pierre du soleil), est une découverte importante de l'archéologie. Afin de l'apprécier, il faut l'examiner avant d'essayer de découvrir son sens. Au centre : Tonatiuh, le cinquième soleil avec ses yeux ridés et une langue en silex. Il est à l'intérieur d'une forme précise, le *ollin* (mouvement), encadré par les quatre soleils, ou ères, représentés par un jaguar, le vent, la pluie, et l'eau. Sur l'anneau suivant se trouvent 20 glyphes qui représentent les jours, puis des formes en V qui symbolisent les rayons du soleil. L'anneau extérieur forme le corps de deux serpents, les Xiucoatl, qui se rejoignent dans la partie inférieure du calendrier. De leurs têtes émergent deux visages : à gauche, celui de Xiuhtecuhtli, dieu du feu, et à droite celui de Tonatiuh.

Pesant 25 tonnes, d'un diamètre de 3,6 m, le calendrier aztèque représente la cosmogonie des Cinq Soleils*. Trouvée en 1760, cette sculpture fut abandonnée sous une des tours de la cathédrale de Mexico jusqu'en 1885, puis installée au Musée national d'Anthropologie et d'Histoire dans les années 1960.

CANCÚN

Située dans l'État de Quintana Roo, dans le sud-est du Mexique, la station balnéaire de Cancún a été créée de toutes pièces à la fin des années 1960 pour satisfaire l'essor touristique que connaissait le pays, en particulier sur les plages d'Acapulco*. En 1981, dans une ville à peine construite, Cancún accueille le sommet international Nord-Sud, qui réunit 22 chefs d'État dont le président François Mitterrand. C'est à ce moment que naquit la réputation de la station balnéaire.

Le décor paradisiaque des Caraïbes et les plages les plus belles du Mexique sont à présent parsemés de chaînes hôtelières proposant le « tout inclus » qui accueillent tous les ans deux millions de visiteurs et un nombre considérable de conventions nord-américaines avec leurs groupes de participants exubérants. Lors des *Spring summer break*, Cancún devient le lieu des débordements, des excès, c'est le « tout permis »...

CARAMBA

Tendez l'oreille pendant votre séjour au Mexique : vous n'entendrez jamais quelqu'un s'exclamer « *¡Ay Caramba!* ». De nos jours, ce terme n'est qu'une simple interjection folklorique comme en France le « Ou là, là ! ».

CARTELS DE LA DROGUE

Les cartels de la drogue sont la gangrène du pays. L'État, la police, l'armée sont tous infiltrés et contaminés par cette plaie qui décompose la société mexicaine : plus de 120 000 morts* ces cinq dernières années, dont

3000 rien qu'à Ciudad Juárez en 2012. Les massacres quotidiens sont devenus banals ; les fosses remplies de corps assassinés, habituelles, et les chiffres des disparus, publiés comme des résultats de football.

On compte au Mexique plus d'une douzaine d'organisations importantes dont les plus connues sont les cartels de Juárez, de los Zetas, de los Beltrán Leyva, de La Famille. La bataille pour conquérir les routes de la drogue vers les États-Unis est sanglante. Et pour cause, le trafic génère des sommes énormes, et les cartels n'hésitent pas à éliminer leurs rivaux. L'ancien directeur de la CIA, Michael Hayden, considérait cette situation comme la deuxième menace la plus importante au monde pour les États-Unis après Al Qaida, et le quotidien *Le Monde* précise qu'il s'agit du « conflit le plus meurtrier de la planète au cours des dernières années ». Ce sont des temps noirs. La Barbarie a éliminé la Raison.

CASA DE LOS AZULEJOS

La maison des faïences bleues était la résidence des comtes d'Orizaba. Construite au XVIe siècle en plein centre de Mexico dans un style churrigueresque avec une façade ornée d'*azulejos* (faïence) bleus, elle abrite maintenant le célèbre restaurant Sanborn's* et accueille dans une atmosphère familiale les clients. Mais le palais a été par le passé le théâtre de légendes, d'événements atroces ou de miracles : en 1731, après un tremblement de terre, la comtesse qui sortit indemne voulut remercier la statue du Christ accrochée sur un des murs ; lorsqu'elle l'embrassa, celui-ci avait les yeux mouillés. On raconte aussi qu'un noble fut cruellement assassiné sur le grand escalier. La peinture murale de

José Clemente Orozco*, *Omniscience*, contemple le lieu du crime. La Casa de los azulejos est un endroit mythique, rempli d'histoires...

CASCADES DE AGUA AZUL

Près de Tumbalá, dans le Chiapas, formées par les affluents des trois rivières Otulún, Shumuljá et Tulijá, les cascades de Agua Azul sont sans doute les plus belles chutes d'eau du Mexique. En dehors de la saison des pluies, de juin à septembre, les magnifiques bassins successifs de couleur bleu turquoise et vert émeraude sont une irrésistible incitation à la baignade.

CASCADES PÉTRIFIÉES

Dans l'État d'Oaxaca, Hierve el Agua («l'eau qui bout») est un endroit invraisemblable où se dressent des cascades pétrifiées à base de carbonate de calcium et un bassin naturel rempli d'eau carbonée. Le temps semble figé dans un écoulement minéral entièrement desséché, comme une force endormie depuis longtemps.

CATRINA (LA)

La Catrina est à l'origine une gravure parmi d'autres de José Guadalupe Posada* qui représente un crâne coiffé d'un élégant chapeau orné de plumes. Cette image fait partie d'une série, les *calaveras*, qui incarnent des squelettes dans des scènes quotidiennes.

Le peintre Diego Rivera* en a fait le personnage principal de sa fresque murale *Sueño de una tarde dominical en la Alameda Central**: elle est reconstituée dans toute sa morphologie, habillée d'une longue robe blanche et une écharpe en forme de serpent à plumes autour du cou. À ses côtés, bras dessus, bras dessous, son créateur Posada. Diego Rivera baptise alors cette image « la Catrina », qui signifie en quelque sorte « celle qui est bien habillée et nie ses origines », et symbolise la vanité. Rivera a transcendé l'œuvre de Posada. La Catrina se trouve entourée d'événements narrant l'Histoire du Mexique ; elle est mort et vie à la fois, origines et destinée. Devenue intemporelle, elle est l'illustration de la mémoire collective du Mexique.

CENOTES

Des bassins très profonds appelés *cenotes* se forment à la suite d'un effondrement du terrain. Grâce à des canaux souterrains, ils sont reliés entre eux et donnent l'impression d'être des étangs sans fond, ce qui a contribué à développer leur aspect magique et à décupler leur nature mystérieuse. Principalement situés dans le sud du Mexique, les *cenotes* eurent un rôle religieux important chez les Mayas qui les utilisèrent pour pratiquer des sacrifices humains. Le *cenote* de Chichén Itzá*, de 60 m de diamètre et 20 m de profondeur, est le plus connu et le plus important : les recherches archéologiques ont mis au jour des ossements de jeunes femmes et des offrandes en or et en jade d'une valeur inestimable.

CEUX D'EN BAS

Écrit par le romancier Mariano Azuela*, *Ceux d'en bas* est le premier roman sur la révolution* mexicaine.

Dans un style concis, soutenu par une accumulation de points de suspension, de phrases courtes et de dialogues crus et réalistes, chaque personnage expose la raison de son engagement dans la rébellion.

Le livre passa inaperçu à sa parution (1915) ; il ne sera redécouvert que dix ans plus tard et considéré alors comme le reflet d'une période tragique dans l'histoire du Mexique. *Los de abajo* est traduit en plusieurs langues. En France, Henri Barbusse en assura la publication, et Valery Larbaud écrivit la préface de la deuxième édition en 1930.

CHAC-MOOL

Issue de la culture toltèque, la sculpture du Chac-Mool est un élément récurrent dans les civilisations précolombiennes*. Souvent à l'entrée des temples cérémoniaux, on la trouve chez les Mayas à Chichén Itzá, chez les Tarasques dans l'État de Morelia, chez les Totonaques sur le site de Cempoala à Veracruz, chez les Aztèques au Templo Mayor à Mexico... L'emplacement très précis du Chac-Mool dans les temples, et sa pose particulière, appuyé sur les coudes tournant la tête et tenant un brasier, ont amené les archéologues à penser que cette statue était destinée à recevoir les offrandes aux dieux.

CHANTEUR DE MEXICO (LE)

Cette opérette française de Francis Lopez créée dans les années 1950, en France, est totalement inconnue au Mexique. Ne chantez pas à un Mexicain « Mexico Mexicooooooo » en tentant d'imiter le contre-ut final de Luis Mariano : il ne vous comprendra pas !

CHARRERÍA

Les chevaux ont été importés au Mexique par les Espagnols lors de la Conquête. On raconte que les Indiens furent surpris par cet étrange animal : lorsqu'ils virent le premier cavalier descendre de sa monture, ils pensèrent que la bête était en train de se dupliquer... Vérité ou légende, cela importe peu. De nos jours, il est le symbole d'une pratique typiquement mexicaine : la *charrería*. D'origine espagnole, le terme désigne toutes les coutumes et les mœurs autour du sport hippique pratiqué par le *charro*. Élégamment vêtu, il met en valeur ses prouesses et ses habilités équestres d'une manière spectaculaire. Son univers est bien souvent associé aux *haciendas* d'avant la Révolution* et à la Tequila*.

Le *sombrero** du *charro* est, avec celui du *mariachi**, la représentation touristique par excellence du Mexique. Attention à ne pas confondre ces deux chapeaux d'origine et d'utilisations diverses : le *sombrero* du *mariachi* fait partie d'une tenue vestimentaire destinée à une représentation artistique, alors que celui du *charro* est surtout destiné à le protéger du soleil.

CHÍA

La *chía* est une graine utilisée depuis l'époque précolombienne dans la cuisine mexicaine. Trempée dans de l'eau citronnée, elle gonfle et dégage une substance qui donne un goût acidulé au breuvage et le rend très rafraîchissant. Vous trouverez cette *agua de chía* (eau de *chía*) dans les restaurants de la haute gastronomie mexicaine.

CHICHÉN ITZÁ

Dans la péninsule du Yucatán, Chichén Itzá est l'un des plus importants sites archéologiques mayas, célèbre pour sa pyramide d'El Castillo, d'une hauteur de 30 m. Lors du solstice d'été, un curieux jeu d'ombres portées sur chaque marche de l'escalier fait apparaître un serpent glissant vers la partie inférieure de la pyramide. C'est la reproduction de la descente du dieu créateur maya, Kukulkán.

CHICLE (CHEWING-GUM)

Originaire du sud du Mexique, le *chicle*, ou plus couramment « chewing-gum », est obtenu avec le latex d'un arbre appelé *chicozapote*. Utilisé déjà par les Mayas et dans toute la région du Golfe, ce sont les Nord-Américains qui eurent l'idée de l'exploiter en y ajoutant du sucre ou de l'édulcorant et des saveurs artificielles. Il en résulte de nos jours une industrie mondiale dont le Mexique est le principal exportateur vers son voisin du nord. Le mot *chicle* vient du náhuatl* *tzictli*, qui signifie « gomme ».

CHIFLÓN (LE)

Merveille naturelle composée de huit chutes d'eau provenant du fleuve San Vincente. Situées au sud-est de l'État du Chiapas, elles sont connues sous le nom de El chiflón (« le grand sifflement ») car elles émettent un bruissement majestueux lorsque le vent se met à souffler. La plus importante des cascades se précipite d'une hauteur de 120 m et se nomme *Velo de novia*

(« voile de fiancée ») car elle forme une traînée d'eau qui ressemble au long voile immaculé d'une mariée. Le phénomène est exceptionnel, les sensations indescriptibles. Protégées par une végétation très dense, les piscines naturelles qui se forment sont d'un bleu turquoise translucide. El Chiflón est un site touristique unique, et également une aire naturelle de sauvegarde de la faune et de la flore.

CHIHUAHUA (CHIEN)

Le chihuahua est un chien minuscule devenu mythique dans la représentation folklorique du Mexique. Originaire de l'État homonyme, et appelé *chihuahueño*, il possède de très grandes oreilles et de grands yeux. Il pèse deux à trois kilos et est doté d'une très grande intelligence. Dans *Tortillas pour les Dalton*, Rantanplan, le chien de Lucky Luke, fait la rencontre d'un *chihuahueño* qu'il tente d'imiter sans succès ; les exploits de cette minuscule bête ne cessent de l'impressionner.

CHIHUAHUA AL PACÍFICO

Le « Chihuahua al Pacífico », appelé aussi « El Chepe », est aujourd'hui le train le plus moderne du Mexique. Il parcourt la sierra Tarahumara en reliant l'océan Pacifique depuis Los Mochis, dans l'État de Sinaloa, jusqu'à la capitale du Chihuahua. Durant un voyage de 16 heures, le train s'enfonce dans les perspectives impressionnantes de la sierra, traverse la Barranca del Cobre* dévoilant toute la magie du paysage : des forêts de pins, des cascades, d'inquiétantes sinuosités rocheuses...

Mise en marche en 1961, l'infrastructure du chemin de fer est considérée comme l'une des plus impressionnantes au monde avec 630 km de voie ferrée, 84 tunnels et 37 ponts d'une hauteur de 2 500 m.

CHILE EN NOGADA

Les *chiles en nogada* sont un plat traditionnel du Puebla. Il est élaboré à base de *chile poblano*, sorte de poivron vert farci avec de la viande hachée, des noix, des raisins secs, des amandes, le tout recouvert d'une sauce de crème blanche et de grains de grenade. Il est servi principalement aux mois d'août et septembre, une époque qui coïncide avec les festivités de la fête de l'Indépendance. Les ingrédients cherchent à représenter les couleurs du drapeau mexicain : le piment pour le vert, la sauce pour le blanc et la grenade pour le rouge.

CHINAMPA

La *chinampa* est un petit jardin flottant rectangulaire utilisé par les Aztèques* et sur lequel ils pratiquaient l'agriculture. Éparpillés dans toute la ville de Tenochtitlan*, chaque famille pouvait cultiver sur place un lopin de terre. De nos jours, on peut encore en observer dans la zone touristique de Xochimilco*.

CHINGADA

Le terme de *chingada* est utilisé pour augmenter le sens de quelque chose, d'une situation ou d'une expression pénible, quand la langue n'a plus de vocable ni de métaphore pour la transposer : *está hasta casa de la chingada* («c'est jusqu'à la maison de la *chingada*») veut dire que c'est très loin; *está de la chingada* signifie que la situation est très mauvaise; *cómo chingas* veut dire que quelqu'un est réellement insupportable; *ya chingué*, que c'est raté…

Présent dans la bouche de tous les Mexicains, le mot a des emplois multiples: il peut être nom commun (*casa de la chingada*), adjectif (*está de la chingada*), nom propre (*me lleva la chingada*), ou verbe (*no chingues*)… Aucun terme n'a développé à lui tout seul une lexicographie aussi riche, ni occupé toutes les fonctions grammaticales d'une langue.

Octavio Paz* le définit comme une «voix magique». Carlos Fuentes* affirme que la «*chingada* est la mère violée […] la première femme indienne possédée par le conquérant espagnol, la Malinche*»; d'où l'insulte suprême mexicaine: *hijo de la chingada* (fils de la chingada).

CHIPILO

Au sud de Mexico, la ville de Chipilo a été fondée en 1882 par 500 colons italiens, provenant de Vénétie, suite à la volonté du dictateur Porfirio Diaz* de promouvoir une immigration européenne. On y parle encore le vénitien car le dialecte n'a subi aucune altération en contact avec l'espagnol* et les 4000 habitants ont conservé leurs traditions. Les enseignes des rues renvoient à l'Italie et au centre du village, la «Casa de Italia» sert de lieu communal.

CHOCOLAT

Selon le baron Alexander von Humboldt, «la fève de

cacao est un phénomène que la nature n'a jamais répété; on n'a jamais trouvé autant de qualités réunies dans un aussi petit fruit». Sous les Aztèques, le chocolat était fait d'un mélange à base de graines de cacao moulues auquel on pouvait ajouter des épices et de l'eau. Cette boisson n'était pas du goût des Espagnols, mais l'utilisation systématique du sucre dans la composition de la pâte les fit très vite changer d'avis. Le chocolat fut introduit à la cour d'Espagne de Charles Quint et devint l'objet de convoitise. Il se répandit en Europe au XVIIe siècle, aux Pays Bas, puis en Italie, et arriva en France par l'entremise d'Anne d'Autriche. Il est curieux de constater que les meilleurs chocolatiers ne se trouvent pas au Mexique, mais en Europe. C'est la raison pour laquelle on dit souvent que le chocolat est un legs du Mexique au Monde. Le terme chocolat vient du náhuatl* *xocolatl.*

CHOLULA

La ville de Cholula est célèbre pour ses très nombreuses églises – plus de 70. Où que l'on se trouve, on en aperçoit toujours une. Celle de Nuestra Señora de los Remedios dressée sur une colline est en réalité une pyramide* recouverte de végétation. Elle est composée de sept structures superposées les unes sur les autres, une technique architecturale qui représente les différentes étapes des civilisations précolombiennes du Mexique. L'emplacement est majestueux: derrière elle se dresse l'imposant volcan Popocatépetl*.

CHRIST BRISÉ

Sculpté dans la ville de San José de Gracia, dans

l'État d'Aguascalientes, le Christ brisé (*Cristo roto*) est une curiosité: il est délibérément amputé d'une jambe et de son bras droit. Mesurant 28 m de haut, le monument cherche à représenter l'histoire dramatique de l'ancienne ville, engloutie sous les eaux en 1929 à cause d'un barrage mal construit. La nouvelle population tente d'attirer le tourisme et de retrouver la vie d'antan à l'aide de ce Christ inquiétant.

CIELITO LINDO

Cielito lindo est la plus populaire des chansons du Mexique. Elle est souvent récitée en chœur dans les matchs de football où tout le stade résonne en une seule voix. Derrière l'esprit de fête, il s'agit aussi d'un cri d'angoisse, celui d'une population qui, réunie dans une réelle fraternité, exprime une sorte de fatalité: « chante et ne pleure pas ! » disent les paroles comme si elles voulaient affranchir l'être de son intolérable condition. Ce n'est pas un hasard si cet air demeure le plus important au même rang que l'hymne* national mexicain.

CINQUIÈME SOLEIL

Les Aztèques* considéraient qu'ils étaient en train de vivre l'époque du Cinquième Soleil, *Nahui Ollin* en náhuatl*. Les quatre premiers temps, correspondant à des époques différentes, avaient été détruits par quatre cataclysmes, durant lesquels les hommes furent successivement dévorés par un jaguar, exterminés par un ouragan, pulvérisés par une pluie de feu et noyés par une inondation. Le Cinquième Soleil achève donc la création mythique et est représenté au centre du Calendrier aztèque*.

CIUDAD JUÁREZ

Située dans l'État de Chihuahua, à la frontière avec les États-Unis, Ciudad Juárez est aujourd'hui considérée comme la ville la plus dangereuse au monde. Le bilan est terrifiant: plus de 11000 cadavres retrouvés entre 2008 et 2012, victimes des cartels de la drogue*. À cela viennent s'ajouter 700 femmes violées, torturées et tuées ainsi que 2000 autres portées disparues. Le terme «féminicide» est devenu synonyme de Ciudad Juárez. Et malheur à celles qui demandent justice, comme Marisela Escobedo pour sa fille assassinée, et qui est devenue une martyre de la ville – elle a été abattue à son tour par une balle dans la tête lors d'une manifestation. Elle n'est pas le seul cas, et le chiffre continue de s'alourdir. La Mort gouverne Ciudad Juárez.

CIVILISATIONS PRÉCOLOMBIENNES

La culture mexicaine revendique tellement son passé préhispanique que les civilisations précolombiennes sont en dialogue perpétuel avec le présent. C'est la raison pour laquelle il convient de connaître celles qui ont imprégné ses mœurs et ses mentalités. Par ordre chronologique: les Mayas, présents depuis 2600 av. J.-C. et leur magnifique ville de Chichén Itzá*; les Olmèques, situés dans la zone du Golfe, remontent jusqu'à 1200 av. J.-C., et ont laissé des têtes colossales* à La Venta; les Totonaques et leurs spectaculaires traces à El Tajín, à Papantla; les Zapotèques dans l'État d'Oaxaca avec Monte Albán; les Huaxtèques, issus des Mayas et installés dans la région du Golfe; les Mixtèques, installés dans les États d'Oaxaca, de Guerrero et Puebla; Teotihuacán*, à l'origine et à la culture inconnues; les Toltèques qui bâtirent les colossaux Atlantes de Tula*; les Tarasques présents dans l'État de Michoacán, les Aztèques à Mexico...

Étudier chaque civilisation pour mieux les comprendre est un travail de spécialiste. Il vaut mieux confronter leur art. Prenez par exemple une pièce aztèque et comparez-la à une œuvre maya. Vous apprécierez le dur travail de la pierre chez les Aztèques, alors que chez les Mayas c'est plutôt la terre cuite ou le jade; l'art maya semble plus subtil, et les dieux aztèques n'ont pas d'apparence humaine (la Coatlicue*, Coyolxauhqui*...). Remarquez aussi l'utilisation de l'obsidienne, la pierre verte, la diorite, la turquoise, etc., au détriment de l'or ou de l'argent dans d'autres civilisations. Comparez aussi les pyramides*: aucune ne se ressemble.

CORONA

La bière Corona est connue internationalement. Au Mexique, on la trouve à un prix dérisoire. Au goût léger d'orge malté, équilibrée, douce et amère, la Corona est rafraîchissante. Elle est traditionnellement servie avec une demi-tranche de citron vert afin de rehausser sa saveur. Dans certains restaurants vous pourrez commander une *cubeta de Coronas* (un sceau de Coronas), avec des glaçons et des bouteilles de bière à l'intérieur. Elle accompagnera parfaitement les *tacos** avec du *guacamole**. D'autres bières sont servies au Mexique, telles que Tecate, Sol, Dos Equis, Carta Blanca, Superior, Indio, Bohemia, Noche Buena… Curieusement, la marque Corona, symbole et fierté de la gastronomie mexicaine, fait partie du Groupe Modelo, qui appartient à une société… belge.

CORRUPTION

L'auteur de ce dictionnaire a été payé pour ne pas rédiger cette partie.

COUPE DU MONDE DE FOOTBALL

Avec l'Italie, l'Allemagne et la France, le Mexique a eu la chance par deux fois d'accueillir la coupe du Monde de football : en 1970 et 1986. Malheureusement, l'équipe nationale est restée cantonnée à chaque fois aux quarts de finale. « C'est déjà pas mal », tentent de se persuader les Mexicains… Pourtant, leur seule médaille d'or obtenue aux Jeux olympiques de Londres 2012 fut en football !

COUVENTS

On compte dans l'État de Morelos plus de 28 couvents de différents ordres, augustins, franciscains et dominicains qui forment plusieurs circuits, appelés « La route des couvents », dont le plus connu relie onze d'entre eux. Celui-ci permet de découvrir le processus d'évangélisation tout au long du XVIe siècle et d'observer le métissage des techniques architecturales dans la construction des bâtiments : leur forme verticale provient d'Europe alors que les immenses patios sont issus directement du monde précolombien. Les couvents les plus emblématiques sont ceux de Cuernavaca, de la Asunción, de Tepoztlán et de Zacualpan de Amilpas.

COYOLXAUHQUI

Le mythe de la déesse lunaire, Coyolxauhqui – prononcez [koyol-chat-ou-ki] – se fonde sur la dichotomie des éléments de la vie: jour et nuit, soleil et lune, eau et feu, guerre et paix, sublime et terrible... un dyptique représenté par les deux pyramides qui composaient le Templo Mayor*, l'une peinte en rouge et l'autre en turquoise.

Un jour, alors que la mère de Coyolxauhqui, Coatlicue, balayait le *cerro* de Coatepec, une boule de plumes lui tombe du ciel. Elle la range contre son ventre et continue sa besogne. Quand elle a fini, elle se rend compte que les plumes ont disparu et qu'elle est enceinte. Considérant qu'elle a déshonoré la famille, sa fille Coyolxauhqui décide alors de la tuer et fait appel à ses 400 frères, les Centzon Huitznahua. Le fils engendré, Huitzilopochtli, encore dans le ventre de sa mère, décide de prendre sa défense et naît sous forme d'adulte, vêtu comme un guerrier; il combat ses frères, puis décapite sa sœur Coyolxauhqui, et la précipite depuis le haut du *cerro*, où son corps se brise entièrement. Cette querelle est une représentation de la lutte quotidienne entre le jour et la nuit, entre le soleil et la lune.

La trouvaille de l'extraordinaire bas-relief de la déesse Coyolxauhqui a dévoilé aux archéologues l'endroit exact où se trouvait enfoui le Templo Mayor*.

CRATÈRE DE CHICXULUB

Formé au nord de la péninsule du Yucatán après l'impact d'une météorite à une vitesse de 22 km/s, il y a 65,5 millions d'années, cet effondrement d'environ 180 km a été découvert dans les années 1970 par deux géophysiciens à la recherche de gisements pétroliers. La date de cet impact a coïncidé exactement avec celle de l'extinction des dinosaures, ce qui a engendré la théorie selon laquelle l'immense nuage de poussière alors dégagé en serait le responsable. L'hypothèse reste toujours sans réponse précise.

CRIQUETS

Les *chapulines* (sing. *chapulín*, qui vient du náhuatl*) se grillent et se mangent avec du citron, du sel et du piment comme apéritif.

CUAJILOTE

Le Cuajilote est un site archéologique totonaque situé sur le cours du fleuve Filobobos, dans l'État de Veracruz. La meilleure période pour s'y rendre est la saison des pluies, car on ne peut y accéder qu'en rafting. Le fleuve se remonte sur 25 km jusqu'à atteindre une vision surréaliste : la force de l'eau a fragmenté en deux une pyramide en emportant l'une des parties plus loin en aval. Les forces de la nature et la magie du passé précolombien se sont mariées pour offrir un paysage stupéfiant. C'est une visite dépaysante qui peut s'achever par une baignade dans un profond bassin d'une eau bleu sombre.

CUCARACHA (LA)

La *Cucaracha*, « le Cafard », est une chanson révolutionnaire principalement chantée par les troupes de Villa*. Les paroles n'étaient pas écrites et variaient de bataillon en bataillon au fur et à mesure des événements. Le refrain le plus populaire reste néanmoins le suivant :

La cucaracha, la cucaracha
Le cafard, le cafard

Ya no puede caminar
Ne peut déjà plus marcher

Porque no tiene, porque le falta
Parce qu'il n'a pas, parce qu'il lui manque

Marijuana que fumar
De la marijuana pour fumer.

CUISINE MEXICAINE

La cuisine mexicaine, reconnue en 2010 par l'Unesco comme patrimoine immatériel de l'humanité, est bien plus foisonnante que l'on ne croit. Elle ne se résume pas à l'immonde *guacamole** en poudre, aux *burritos, fajitas* et au prétendu *chili con carne*, qui par ailleurs n'est pas du tout mexicain (et trouver ce plat dans n'importe quel restaurant de Mexico est une gageure). La cuisine mexicaine tire sa richesse de trois éléments essentiels : une vaste biodiversité (forêts, jungles, déserts et maquis, montagnes et canyons, lagunes...), une identité culturelle fortement ancrée dans le passé, et une multiplicité de populations soucieuses de transmettre des savoir-faire ancestraux. Les ingrédients séculaires tels que le piment, le haricot, le maïs*, le chocolat* ou la dinde* participent à cette richesse culinaire.

En arrivant au Mexique, vous découvrirez une vaste quantité de plats que l'on ne trouve pas en Europe et dont vous n'avez jamais entendu parler : *les chiles en nogada**, les *nopales* (*voir cactus*), le *huitlacoche**, les *romeritos*, le *pozole* (sorte de potage avec du gros maïs), les *carnitas* (viande de porc), la *machaca* (de la viande avec des œufs), le *mole**, les *tamales**, les *tostadas* (des *tortillas** frites), les *enchiladas**, la morue à la mexicaine, et la grande variété de poissons et crustacés, de viandes, ainsi que les multiples façons de préparer l'eau, les *aguas*, soit à l'hibiscus*, avec de la *chía**, au citron, à l'orange, à l'ananas...

D

DÉESSE DE LA TERRE

Tlaltecuhtli, déesse aztèque de la terre, dévoreuse des cadavres et du soleil de l'après-midi, est associée au mythe de la création. Lorsque les dieux Quetzalcóatl* et Tezcatlipoca aperçurent cette horrible créature, tantôt femme tantôt homme, ils la scindèrent en deux. Ils créèrent avec une partie le ciel et avec l'autre la mer. Le monolithe qui la représente trouvé récemment au

Templo Mayor* est d'une beauté exceptionnelle. D'une taille supérieure au Calendrier aztèque*, il pèse plus de 12 tonnes, mesure 4,19 m de hauteur et possède un relief de 15 cm.

DÉESSE DU PULQUE

La déesse aztèque Mayahuel est à l'origine de la création du *pulque**. La divinité vivait avec sa grand-mère, une étoile. Le dieu Quetzalcóatl* courtisait Mayahuel et lui demanda de s'unir à lui. Afin de camoufler leur liaison, le couple prit alors la forme de deux branches d'arbre entrelacées. La grand-mère découvrit cette union et, en colère, brisa la branche et en parsema les débris dans la terre. Quetzalcóatl les ramassa et les sema : poussa alors le *maguey*, l'agave* avec lequel on fabrique le *pulque*.

DÉMOCRATIE

Le Mexique est un pays démocratique : le peuple a élu systématiquement pendant 71 ans de 1929 à 2000 sans aucune alternance le même parti, le PRI*. En juillet 2012, lors des présidentielles, le peuple a élu à nouveau le PRI…

DÉSERT DE SAMALAYUCA

Le désert de Samalayuca réussit à briser toutes les idées reçues sur les paysages du Mexique. Situé dans le Chihuahua, il est formé de dunes de sable qui se perdent jusqu'à l'horizon sur plus de 1000 km². Inhabitable, le désert de Samalayuca offre un paysage semblable au Sahara. La nuit, les températures descendent au dessus de 0 °C. C'est une région à visiter et vivement recommandée pour ceux qui voient le Mexique comme une steppe où gît le squelette abandonné d'un animal, à l'ombre d'un cactus desséché…

DIAZ, PORFIRIO

Porfirio Diaz a été à la tête du Mexique de 1884 à 1910 sans interruption. Lorsqu'il arrive au pouvoir, il réforme la Constitution afin de pouvoir se réélire, ce qui lui permet de rester inamovible durant trente ans. Grâce à un système militaire répressif, il gouverne avec l'appui des conservateurs et des techniciens (les *scientíficos*) et s'associe avec des banquiers et des investisseurs étrangers à qui il octroie de grandes facilités. Il a certes développé un important réseau ferroviaire, mais a réprimé tous ses opposants. La *ley de fuga* (loi de fuite) donne le droit d'abattre toute personne qui ne se soumet pas à l'autorité. Il n'hésita pas à fusiller les grévistes, et à massacrer les Yaquis*, des agriculteurs qui se révoltèrent pour récupérer les propriétés que Porfirio Diaz avait confisquées et distribuées à des notables (les *hacendados*). De plus, les paysans du pays devaient payer une rente pour exploiter leurs propres terres. À la place de salaire, les employés agricoles recevaient des bons qu'ils ne pouvaient échanger que dans les *tiendas de raya* qui appartenaient à... leur patron. Les agriculteurs s'endettaient à vie.

Sous la dictature de Porfirio Diaz, le Mexique devint un pays pour une poignée de riches par l'exploitation de beaucoup de pauvres... La Révolution* éclata en 1910. Diaz quitta le pays en 1911 dans un bateau allemand. Installé à Paris, il y mourut en 1915. Il est enterré au cimetière de Montparnasse.

DIEU DU MAÏS

Le maïs* est essentiel dans la cosmogonie des civilisations précolombiennes. Représenté par la divinité Centéotl, il est la subsistance même de l'humanité dans la mythologie aztèque. Celle-ci raconte qu'au commencement, le dieu Quetzalcóatl* vit une fourmi rouge transporter une graine de maïs. Il lui pria de lui indiquer le lieu où elle l'avait trouvée. La fourmi le conduisit au mont Tonacatépetl (« mont de maïs » en náhuatl*). Sur place, le dieu se transforma en fourmi, se faufila à travers les rochers et trouva une salle remplie de grains. Il brisa alors le mont en deux et les semences se répartirent sur terre grâce à la pluie.

DIEU DES MORTS

Mictlantecuhtli est le seigneur aztèque des morts, de l'inframonde et du *mictlán* (« royaume des ombres »). Dans la cosmogonie précolombienne, Quetzalcóatl* se rend au *mictlán* pour récupérer des os, qu'il pulvérise et mélange avec son propre sang. C'est ainsi que sont nés les hommes. Mictlantecuhtli est souvent représenté par un squelette humain avec beaucoup de dents et des griffes de chauve-souris. Sa statue au Templo Mayor* a également un foie qui pend derrière ses côtes – cette pièce, enfouie et détruite sous les gravats de Mexico, a été remarquablement reconstituée.

DIEU DE LA PLUIE

Lié à la divinité du maïs* et au cycle agricole, le culte de la pluie est présent dans toutes les civilisations précolombiennes*. La représentation du dieu, Tlaloc, est aisément reconnaissable : de grands yeux ronds et des crocs à la place des dents. Chez les Aztèques, deux grands serpents lui entourent les yeux, s'enroulent sur son nez en torsade et ressortent par sa bouche tels des crocs. Chez les Mayas, le dieu de la pluie Chaac offre des similitudes mais possède une large trompe. Tlaloc était vénéré aussi par les Olmèques, les Toltèques, et à Teotihuacán*.

DIMINUTIF

Le langage populaire mexicain utilise de manière abusive le diminutif et le pousse à l'extrême en accumulant les suffixes : un adverbe comme *ahora* (maintenant) peut devenir *ahorita* (petit maintenant), ou *ahori-*

tita (petit-petit-maintenant). Il peut aussi s'appliquer au participe passé. *Estaba contento* (J'étais content) devient *estaba contentito* (j'étais petit content) ; ou alors en faisant référence à un bébé : *está bien tapado* (il est bien couvert), devient *está bien tapadito* (il est bien petit couvert)... Cette tournure grammaticale s'entend partout au Mexique.

DINDE

Introduite en Europe au XVIe siècle par les Espagnols, la dinde est originaire du Mexique. Son nom, *guajolote*, est issu du náhuatl*, *huexólotl*. La prononciation la plus proche serait [güa-ho-lo-té], le son de la *jota* (le *j* espagnol) n'existant pas en français.

DROGUE

Voir cartels.

DUPERIE

C'est ce que désigne en général le terme familier de *cachirul*. Si un commerçant nous promet un produit de bonne qualité et qu'à la place il nous en vend un d'une qualité inférieure, on dit qu'il nous a donné du *cachirul*.

En 1988, lors du mondial de football* junior, les sélectionneurs mexicains ont fait appel à des joueurs âgés de plus de 20 ans en modifiant leur date de naissance. La supercherie a été découverte par le comité, l'affaire fit scandale, et les joueurs concernés furent appelés *les cachirules*. La FIFA interdit alors au Mexique de participer à la coupe du Monde de 1990, en Italie.

E

EMPEREUR DU MEXIQUE

L'aventure de Maximilien de Habsbourg au Mexique est un drame qui s'est joué entre un romantique autrichien dupé et un peuple en gestation. Faisant fi de la situation politique catastrophique au Mexique, Napoléon III impose, avec l'aide d'une cohorte de conservateurs et royalistes mexicains, un de ses obligés, Maximilien de Habsbourg, archiduc d'Autriche, de religion catholique et conservateur. Il est couronné empereur en 1864. Le résultat sera un fiasco.

Sentant le drame approcher, son épouse Charlotte, princesse de Belgique devenue impératrice du Mexique, se rend aux Tuileries à Paris et supplie Napoléon III de ne pas abandonner le couple royal à son sort ; en vain. Charlotte se rend alors à Rome pour plaider sa cause auprès du Pape Pie IX ; mais trop tard, Maximilien est fusillé entre-temps sur ordre de Benito Juárez* en 1867 et en dépit d'une intervention de Victor Hugo. Dans une lettre, l'écrivain français s'adressait au Mexique : « ce n'est pas la France qui vous fait la guerre, c'est l'Empire ». Atteinte de folie, Charlotte meurt à Bruxelles en 1927, dans un siècle qui n'est plus le sien.

En 1868, Manet peint *L'Exécution de Maximilien* pour représenter la barbarie de cet acte gratuit et la désertion de Napoléon III, incarné par un personnage à droite, à l'écart du peloton et qui laisse faire.

ENLÈVEMENTS

Le Mexique occupe la deuxième place au monde, après la Colombie, en ce qui concerne le délit d'enlèvement. Devenus une grande source de revenus pour le crime organisé, c'est une réelle épidémie et une affaire hautement rentable... Il existe plusieurs types d'enlèvements : ceux appelés *express* (on retient la victime pendant une journée le temps qu'elle vide ses comptes ou que sa famille le fasse afin de payer la rançon) ; ou encore ceux dits « virtuels », d'un genre extrêmement pervers : un petit garçon complice des criminels appelle au hasard chez des parents le matin et s'écrie en pleurant « Papa ! Maman ! Je viens d'être enlevé ! ». Cette méthode sadique est infaillible surtout si l'on vient de déposer les enfants à l'école. D'après les statistiques du ICESI (Institut Citoyen d'Études sur l'Insécurité), l'année 2007 a atteint un chiffre record : 6 500 enlèvements dans tout le pays, soit 17 enlèvements par jour.

Devenu un véritable problème de société et de sécurité nationale, il est un enjeu politique de premier plan. L'opinion publique joue un rôle considérable : la colère de la population et l'aversion pour les bandes de kidnappeurs sont arrivés à une telle saturation que certains n'hésitent plus à faire justice eux-mêmes. Et l'ICESI insiste : « si les chiffres continuent d'augmenter, le Mexicain vivra dans un statut d'otage permanent... ».

ENCHILADA

Une *enchilada* (pluriel, des *enchiladas*) est faite à base de *tortillas** farcies de viande, de fromage blanc et de piment, le *chile*, d'où son nom. La *enchilada* est par conséquent toujours piquante. Elle convient à tous les repas, aussi bien le matin que le midi ou le soir.

ESCAMOLES

Les *escamoles* sont des larves des fourmis qui se trouvent généralement sous les racines de l'agave*. Cuisinées avec du beurre, de l'oignon et du persil, elles se mangent avec du *guacamole** ou des *tortillas** et sont considérées comme un mets très délicat au Mexique.

ESPAGNOL

Même si l'on pratique aussi 65 langues indigènes*, l'espagnol est la langue officielle au Mexique. Les deux seuls points de ressemblance avec celui de l'Espagne sont la grammaire et la syntaxe ; la prononciation et le vocabulaire diffèrent. Certains mots sont plus faciles à dire qu'en Espagne, comme ceux qui finissent par *-ción*, tels que *civilización*, *z* et *c* ayant le même son au Mexique. Mais attention, au Mexique, on ne parle pas le « mexicain », cela reviendrait à dire exactement qu'au Brésil on parle le « brésilien » ou qu'au Sénégal le « sénégalais ».

ETRANGLEUR DE TACUBA

Goyo Cardenas, connu sous le nom de l'*estrangulador de Tacuba*, a été le premier tueur en série du pays à devenir célèbre grâce à l'impact médiatique de ses crimes, pendant les années 1940. Arrêté, il étudie le droit en prison et donne même un discours devant le

Congrès mexicain. Libéré après avoir été amnistié par le président Luis Echeverría, il travailla comme avocat jusqu'à la fin de sa vie.

EXPÉRIENCES INTELLECTUELLES

Le Mexique fascine parce qu'il bouleverse les notions et les concepts occidentaux. Les repères ne sont plus valides et ce que l'on considère comme une pathologie peut devenir ici une façon de vivre ou de concevoir la vie. L'exemple le plus significatif est l'intérêt pour l'au-delà célébré au moment de la fête des morts*. Au Mexique tout se mélange inextricablement. C'est une des spécificités qui a tant fasciné plusieurs intellectuels européens. Grâce à elle, certains peuvent y trouver une libération de leur âme, coincée dans un corps sclérosé par une modernité artificielle. Quelques exemples illustrent ce cheminement.

Antonin Artaud, dramaturge français, a cherché au Mexique un rêve, un idéal, un monde disparu en Europe et qui serait encore latent chez les Indiens du Mexique. Ce pays a été pour lui une expérience personnelle, le début d'un voyage sensoriel à dimension mythique et initiatique. La consommation de psychotropes inconnus en Europe, tel que le *peyotl**, l'a plongé dans un univers entre le réel et l'illusion. Véritable quête intellectuelle, cette même démarche a été poussée plus loin par l'anthropologue péruvien Carlos Castañeda. Grâce aux relations qu'il entretint avec des chamans, il entra en contact avec des forces cosmiques. Il créa ainsi un univers dans lequel il est le personnage principal; son œuvre eut un retentissement considérable en France dans les années 1970.

Mais le Mexique est aussi une source d'inspiration artistique. André Breton, arrivé deux ans plus tard qu'Antonin Artaud, considéra que le Mexique était une métaphore artistique : il s'agissait pour lui du pays surréaliste par excellence. Contrairement à ce dernier qui vécut ses expériences en terre indienne, chez les Tarahumaras, Breton les chercha dans un cercle d'artistes dont Diego Rivera*, Frida Kahlo*, Alvarez Bravo... Pour lui, les Mexicains entretiennent avec leur passé précolombien un dialogue constant. Cet aspect intéressa aussi Jacques Soustelle, ethnologue et sous-directeur du musée de l'Homme. En 1938, il suivra l'exemple d'Artaud en se rendant chez des Indiens pour expérimenter ce dialogue. Il n'hésita pas à vivre avec les populations indigènes et ses observations le menèrent à publier divers ouvrages sur les Aztèques, les Mayas, les Olmèques ou les Otomi. Quant à Le Clézio, qui séjourna aussi ici, il questionne plutôt l'histoire précolombienne dans son essai *Le rêve mexicain ou la pensée interrompue* : et si les Espagnols n'avaient pas détruit la civilisation aztèque ?

Les intellectuels européens qui ont séjourné au Mexique semblent vouloir mener une réflexion qui semble évidente : visiter le pays ne veut pas forcément dire l'expérimenter. Il faut arriver à pénétrer les différentes dimensions qu'il propose.

F

FEMME ENDORMIE

Voir Iztaccíhuatl.

FEMME DU PORT (LA)

La Mujer del puerto (*La Femme du port*) est le titre de trois versions cinématographiques de la même nouvelle de Maupassant, *Le Port* (1889). Le premier film a été réalisé par Arcady Boytler et Raphael J. Sevilla en 1934 ; le deuxième par Emilio Gómez Muriel en 1949, et le troisième par Arturo Ripstein en 1991. Les cinéastes mexicains semblent fascinés par ce récit alors que la France n'en a réalisé qu'une adaptation pour la télévision, sous la direction de Claude Santelli, en 1974. L'intrigue se résume ainsi : un marin paye les services d'une prostituée ; le lendemain matin, il se rend compte avec horreur que celle-ci est sa sœur.

FÊTE DES MORTS

D'origine préhispanique, la fête des morts se déroule du 1er au 2 novembre. Ancrée profondément dans la société mexicaine, elle est un exemple vivant du syncrétisme religieux qui règne ici : les morts ne seraient ni au ciel, ni en enfer ; tout simplement, ils ne sont plus présents, mais dans le royaume des morts. Le *día de muertos* est une façon de leur dire qu'ils ne sont pas oubliés. On leur prépare des offrandes, on décore leurs tombes et on dîne avec eux pour leur tenir compagnie. À cette occasion, on cuisine du pain des *muertos**, et on concocte des *calaveras**. On monte des autels ornés de fleurs orange appelées les *zempaxuchitl*, on y place la photo du défunt au centre, on y dépose du pain, des fruits, des bougies, des *tamales**, des crânes, et on décore l'offrande avec le *papel picado**. C'est l'une des fêtes populaires les plus intenses et les plus passionnées du Mexique.

Les festivités se déroulent dans tout le pays, mais les plus célèbres demeurent celles des îles de Janitzio et de Pacanda, dans l'État de Morelia : quand la nuit tombe, les villageois se dirigent vers le cimetière avec les offrandes qu'ils ont préparées durant la journée ; une cloche sonne toutes les 10 minutes pour signaler leur présence aux morts. Peu à peu, le lieu se remplit de bougies et de prières qui dureront jusqu'à l'aube... Un silence assourdissant règne au milieu des murmures et des lumières orange tandis que la cloche retentit... Le jour arrive et les morts repartent dans leur royaume ; les vivants, eux, reprennent leurs activités... un cycle a été accompli. Les deux mondes ont cohabité pendant une nuit d'un inquiétant mysticisme. Le symbole du *día de muertos* est la célèbre Catrina*, et les festivités sont considérées par l'Unesco comme patrimoine de l'humanité.

FLEUR D'HIBISCUS

La fleur d'hibiscus, connue aussi sous le nom de « rose d'Abyssinie », est appelée *jamaica* au Mexique.

On prépare une boisson fraîche au goût légèrement âcre et d'une éclatante couleur rouge foncé. Très présente dans les repas, elle possède de la vitamine C et aide au transit intestinal. En France, on peut la trouver sous forme de thé.

FRANELEROS

Vous trouvez systématiquement un *franelero* (celui qui utilise une flanelle) dans les parkings ou dans les rues. Ils sont dénommés ainsi car ils nettoient les véhicules avec une flanelle rouge, ce qui permet de les repérer de loin. Ils vous appelleront « petit patron », et laveront plus ou moins bien votre voiture, ou la surveilleront. Que vous le vouliez ou non, vous serez obligé de leur donner un pourboire, d'autant que les plus malins vous diront : « vous savez, on ne sait jamais ce qui pourrait arriver à votre voiture... »

FRAUDE ÉLECTORALE

Voir PRI.

FUENTES, CARLOS

Né au Panamá en 1928, fils d'un diplomate, Carlos Fuentes est, avec Octavio Paz*, un des piliers de la littérature mexicaine. Le thème principal de son œuvre est son pays. L'auteur aborde le passé et l'histoire avec des grands romans comme *Terra Nostra, Le Vieux gringo* – adapté au cinéma en 1989 – ou avec la nouvelle *La Mort d'Artemio Cruz*. Il donne une vision du système politique dans *Le Siège de l'aigle*, un portrait de la ville de Mexico et ses différents destins dans *La plus limpide région*. Il dépeint la grande diversité de la société mexicaine dans *Le Bonheur des familles*. Une de ses plus grandes nouvelles, *Aura*, à thématique sociopolitique, narre une relation mystérieuse entre deux femmes et un homme, dans une atmosphère magique et obscure.

Carlos Fuentes s'est éteint en 2012, et un « prix littéraire Carlos Fuentes » a été créé pour couronner des écrivains de langue espagnole.

G

GACHUPÍN

Le terme *Gachupín*, ou encore *Gachupas*, est utilisé au Mexique pour désigner péjorativement tous les Espagnols. Son origine est très incertaine, et viendrait du portugais, *cachopo*, qui désigne un enfant. Miguel de Cervantes l'utilise dans ce sens-là dans son *Don Quichotte*.

GÉNÉRIQUES

Doté d'un certain embonpoint, vêtu d'une blouse blanche, le Dr Simi est un personnage moustachu qui fait le pitre devant les pharmacies appelées « Farmacias Similares ». Il est l'emblème de cette franchise dédiée exclusivement à la vente de médicaments génériques (*similares*), où l'on trouve « la même chose, mais moins cher ». Ces établissements sont extrêmement populaires grâce aux prix qu'ils pratiquent, même si le terme *simi* a donné lieu à une série de jeu de mots : à présent, il est appelé le « Semi Dr » qui prescrit des « semi médicaments ».

GOUVERNEUR PRÉCIEUX

Góber precioso (« gouverneur précieux ») est une expression obtenue par l'apocope du mot *gobernador*

(« gouverneur ») et de l'adjectif *precioso* (« précieux »). Elle est issue d'un scandale politique qui éclata en 2005. Le chef d'entreprise Kamel Nacif, le « roi du *jeans* », un des hommes les plus riches au Mexique et le propriétaire de plusieurs *maquiladoras**, a été mêlé à une affaire de pédérastie, dévoilée par une journaliste. Celle-ci fut arrêtée, puis privée de sa liberté par le gouverneur de l'État de Puebla, Mario Marín. Dans une conversation téléphonique entre Marín et Nacif, ce dernier remercie son *góber precioso*. Il finit par lui proposer « deux bouteilles de cognac », qui, selon la presse, serait un code pour signifier la proposition de « deux enfants »...

Cette expression est depuis utilisée pour désigner toute personne faisant acte de corruption politique, favoritisme, despotisme, népotisme, injustice, abus d'autorité, pédérastie, etc.

GRINGO

Gringo désigne de manière péjorative tous les habitants des États-Unis. Son origine est certainement issue d'une chanson que les troupes nord-américaines chantaient lors de la guerre avec le Mexique en 1847 : *Green grows the grass* (« l'herbe pousse verte »). Mais l'étymologie pourrait aussi venir de « *Green go!* » (« Rentrez chez vous, les verts ! »), lancé par les Mexicains contre les soldats de l'armée nord-américaine, qui étaient revêtus d'un uniforme vert.

GUACAMOLE

Devenu international, le *guacamole* [güa-ka-mo-lé]

est omniprésent dans la cuisine mexicaine. D'une simplicité étonnante, la préparation est faite à base d'avocats écrasés et d'oignons coupés en petits morceaux. On a tendance à rajouter des ingrédients supplémentaires afin d'accentuer son aspect exotique. C'est une question de goût. Mais au Mexique, on ne trouve pas de *guacamole* avec des tomates, et encore moins des sachets de *guacamole* lyophilisé.

GUERRE DES PÂTISSERIES

En 1838, un pâtissier français nommé Remontel, établi à Mexico, est victime d'un vol : des officiers de l'armée mexicaine de Santa Anna* font irruption dans son local, l'enferment dans un réduit et mangent gratuitement les pâtisseries. Le lendemain, Remontel fait appel au gouvernement français du roi Louis Philippe qui se retourne vers le Mexique par voie diplomatique et exige réparation des préjudices. La France en profite pour donner un ultimatum concernant d'autres problèmes politiques et économiques en attente. Comme le Mexique se refuse à payer des indemnités dans l'affaire Remontel, la France décide d'employer la force et envoie une flotte navale à Veracruz. Sous les ordres du général Charles Baudin, l'armée française attaque la forteresse de San Juan de Ulúa défendue par Santa Anna. Cet épisode est connu dans l'histoire du Mexique comme la *Guerra de los pasteles*, la « Guerre des pâtisseries ».

GÜERO

C'est avant tout une marque d'affection. Au Mexique, tout le monde est un *güero*, c'est-à-dire un « blond ».

Dans un marché, par exemple, les vendeurs peuvent interpeller leurs clients en leur lançant, « *¡ güero! ¡ güero!* ». Le « blond », c'est l'Autre ; quelqu'un dont on ignore le nom, ou quelqu'un que l'on connaît. C'est celle qui tient un stand de tacos* : *la güera de los tacos* ; c'est le type du coin qui vend des boissons : *el güero de los refrescos* ; c'est le jeune du kiosque des journaux : *el güero de los periódicos*... Cette façon de nommer l'autre et de le considérer comme « blond » pourrait venir de la légende aztèque du retour de Quetzalcóatl*. L'incarnation de cette divinité était... blond.

GUITARRÓN

Le *guitarrón* est l'instrument typique d'un ensemble *mariachi**. Il ressemble à une énorme guitare mais est composé de six cordes sans frette et se joue en pinçant deux cordes à la fois. Il fait retentir les notes les plus basses de l'orchestre.

H

HARICOTS SAUTEURS

Comme leur nom l'indique, les « haricots sauteurs » (*frijoles saltarines*) sautent sans qu'on les touche. Ils bougent tout seuls. Ce phénomène insolite est la conséquence d'un processus naturel : la larve d'une mite s'introduit dans la graine de la légumineuse et se développe à l'intérieur. En attendant sa métamorphose en papillon, lorsque la température monte, le ver pousse de l'intérieur les parois du haricot afin de le déplacer vers des zones plus froides ; la graine bouge alors et saute de quelques millimètres. De récentes recherches effectuées à Dallas, aux États-Unis, ont découvert que certains effectueraient 40 sauts par minute. André Breton en rapporta du Mexique en 1934 et les montra à Jacques Lacan et à Roger Caillois. Une dispute éclata entre eux : fallait-il les ouvrir ou non ?

HÉROS DE NACOZARI

Jesús García Corona (1881-1907) est le « héros de Nacozari ». Le 7 novembre 1907, ce cheminot se sacrifia pour éviter une catastrophe dans la petite ville minière de Nacozari, située au nord-est de l'État de Sonora. Alors qu'il prenait sa pause déjeuner, le train transportant de la dynamite destinée à l'exploitation de la mine prit feu. Jesús se précipita vers cette machine infernale.

Il conduisit la locomotive le plus loin qu'il put, et mourut dans l'explosion loin du village.

HEURE NATIONALE

Créée le 25 juillet 1937 sous le gouvernement du président Lázaro Cardenas, la *hora nacional* continue d'être diffusée tous les dimanches soirs à la même heure sur l'ensemble des chaînes de radio. Émise dès ses débuts sur tout le territoire mexicain, elle avait pour but de faire connaître les valeurs patriotiques jusqu'aux provinces les plus éloignées. Outre la poursuite de la politique nationaliste initiée par ses deux prédécesseurs, Alvaro Obregón et Plutarco Elías Calles, Lázaro Cardenas a été aussi le président qui s'est le plus préoccupé des populations indigènes, laissées pour compte depuis la Conquête. Il souhaitait ainsi valoriser leurs traditions et leurs cultures qui avaient été jusqu'alors abandonnées.

Une blague populaire résume bien l'intérêt porté par les Mexicains à cette émission : une mère gronde son enfant qui ne veut pas lui prêter attention, « tu vas m'écouter que tu le veuilles ou non ! », et l'enfant de répondre : « comme la *hora nacional* »...

HOSPICE CABAÑAS

L'Hospice Cabañas, dans la ville de Guadalajara, était à l'origine une auberge destinée à accueillir les orphelins. Construit entre 1805 et 1810, il abrite actuellement une partie de l'œuvre murale du peintre José Clemente Orozco*. Quarante peintures, réalisées entre 1937 et 1939, trouvèrent leur place sur les différents murs, façades, plafonds de l'hospice. La plus spectaculaire, *El hombre envuelto en llamas*, sur la coupole de la chapelle, représente un homme en flammes qui s'élève en tourbillonnant, tel l'esprit qui cherche à se dépasser. La structure du bâtiment s'incorpore au côté très épique de l'œuvre d'Orozco. L'utilisation d'édifices monumentaux, de grands murs et de superficies démesurées est la caractéristique essentielle du mouvement muraliste mexicain. Le peintre Alfaro Siqueiros* développera davantage ce style et alla jusqu'à incorporer l'architecture au mouvement muraliste.

HUITLACOCHE

Le *huitlacoche* est un champignon qui parasite l'épi du maïs*. D'une couleur noir-violet et d'un aspect « ingrat », il est utilisé depuis l'époque précolombienne à des fins culinaires. Considéré à tort comme un aliment populaire, le *huitlacoche* est un produit fin. Il se déguste avec des *quesadillas**, des *tacos** et même des potages dans les restaurants les plus prestigieux.

HYMNE NATIONAL

L'hymne national est très respecté. La plupart des Mexicains le chantent et en connaissent par cœur les deux premières strophes. Il est le symbole de la fierté nationale et de l'amour de la patrie. Or, très peu savent que leur hymne n'appartient pas au Mexique. En effet, suite à une série de confusions et d'incompétences politiques, les droits de reproduction appartiendraient à une maison de disques américaine… la RCA Victor.

I-J

INSPIRATIONS ARTISTIQUES

Plusieurs artistes internationaux qui fuyaient les totalitarismes européens des années 1930 trouvèrent au Mexique, non seulement une deuxième patrie, mais aussi un endroit accueillant pour leurs créations. La photographe italienne Tina Modotti qui se consacrait au photoreportage social chercha à témoigner de la révolution culturelle, notamment du muralisme mexicain. Mais, considérée comme communiste, elle sera poursuivie par le gouvernement et préférera finalement s'installer en Russie. Quant à Kati Horna, une photographe hongroise, elle choisira le Mexique comme pays d'adoption et développera un style surréaliste; cette esthétique picturale y avait trouvé l'une de ses plus belles expressions. André Breton, fondateur de ce mouvement, qualifiait déjà le pays de « surréaliste par excellence ».

L'Anglaise Leonora Carrigton, arrivée en 1939 et mariée à Max Ernst, y restera définitivement. Son amie espagnole, Remedios Varo, peintre surréaliste qui avait fui le franquisme, s'y installa en 1942. L'œuvre inquiétante et merveilleuse de ces deux artistes reste encore méconnue en Europe, peut-être éclipsée par la personnalité de Frida Kahlo*. Elle offre une atmosphère onirique proche d'une Leonor Fini et un détail travaillé à l'extrême. Deux autres personnalités, la Française

Alice Rahon et l'Autrichien Wolgang Paalen, trouvèrent au Mexique matière à influence. D'ailleurs, Paalen y organisa en 1940 une exposition internationale du surréalisme.

Le Mexique a inspiré aussi des cinéastes. Un des plus grands réalisateurs, Luis Buñuel, a tourné dans les années 1950 *Los Olvidados*, une vision cruelle sur la pauvreté des enfants à Mexico. Ce film, devenu culte, a obtenu à Cannes le prix de la mise en scène. Les atmosphères surréalistes mexicaines sont illustrées quelques décennies plus tard dans l'œuvre du Chilien Alejandro Jodorowsky, notamment dans *La Montagne sacrée* (1973). Mêlant des expériences chamaniques au mysticisme, le réalisateur narre les étapes initiatiques vers les secrets de l'immortalité qu'il aurait découverts sur une colline...

Ainsi plusieurs intellectuels fascinés par le Mexique ont cherché à transcender l'essence même du pays à un tel degré que celui-ci devient un mouvement artistique en lui-même ; il est style et forme à la fois.

IZTACCÍHUATL

Le volcan Iztaccíhuatl, situé entre les États de Puebla et de Mexico, est la troisième montagne la plus haute du Mexique. La forme de ses sommets recouverts de neige fait penser à une femme endormie sur le dos. Cette physionomie singulière a donné lieu à la légende aztèque de la femme endormie.

La princesse Iztaccíhuatl était amoureuse d'un guerrier, Popocatépetl*. Celui-ci devait partir en guerre et rentrer victorieux s'il voulait épouser sa bien-aimée. Or le père de la jeune femme, s'opposant à cette union, répandit la funeste nouvelle du décès du combattant. Iztaccíhuatl mourut de tristesse, et Popocatépetl se suicida en l'apprenant à son retour. Les dieux s'apitoyèrent sur le sort des deux jeunes amants et les convertirent alors en volcans recouverts de neige. Ils dorment depuis l'un à côté de l'autre.

JEU DE PELOTE

Pratiqué avec une pelote en caoutchouc, ce jeu est un sport omniprésent dans les civilisations précolombiennes. Dans un large espace, deux murs étaient dressés l'un face à l'autre ; au centre de chacun, sur leur partie supérieure, un anneau en pierre était accroché à la verticale, le but du jeu étant d'y faire passer la pelote dans celui de l'équipe adverse. On ne pouvait utiliser que les hanches, l'avant-bras ou le genou, selon les variantes. Le jeu de pelote le mieux conservé est celui qui se trouve à Chichén Itzá*. Sur ces murs, des bas-reliefs représentent un sacrifice : le jeu de pelote avait un caractère rituel et le perdant pouvait être donné aux dieux.

JEUX DE MOTS (ALBUR)

Un des jeux de mots les plus connus ici est l'*albur*. Il s'agit d'une phrase entière à double sens, intraduisible, faisant très souvent allusion au sexe.

On a comparé les contrepèteries françaises à l'*albur*, alors que chacune de ces rhétoriques possède ses propres règles. La première consiste en une permutation de mots, ou de syllabes pour déceler un autre sens, alors que l'*albur* propose une compréhension différente de celle énoncée sans aucune altération de la phrase. Il peut aussi signifier une idée de manière phonétique grâce à une partie de la phrase – mais il diffère du calembour qui se construit à l'aide de l'homonymie.

Les Mexicains excellent dans l'*albur*, inhérent à la culture populaire. D'une manière générale, il n'existe pas de répertoire précis car l'*albur* se construit au fur et à mesure de la conversation. Si ces railleries sont souvent de mauvais goût, elles font toutefois appel à une grande capacité d'improvisation et à une vivacité d'esprit.

Les exemples sont très vulgaires : un homme arrive au marché et demande « je voudrais des piments », le vendeur répond : « je te prends... au mot »... ou encore une jeune ménagère appelle le plombier : « J'ai une fuite d'eau », « Votre fissure est-elle grande ? » lui demande celui-ci, « Oui », répond-elle, « Je viens vous la boucher », lui retourne le plombier... On peut lire aussi derrière un autobus le panneau suivant : « Attention arrêts fréquents ! » or en espagnol « arrêt » se dit *parada* qui renvoie aussi au fait d'avoir une érection... etc.

JEUX OLYMPIQUES

En 1968, Mexico accueillit les Jeux Olympiques, après une période de violentes manifestations ; le pays ne semblait pourtant pas un lieu sûr pour recevoir les 112 délégations participantes. Déjà, l'altitude de la ville, 2 240 m, dangereuse pour les athlètes, avait été invoquée contre sa candidature, mais surtout les défilés étudiants qui se déroulaient représentaient pour le comité organisateur une menace pour le bon déroulement des Jeux. La répression fut sans pitié : un massacre par les forces de l'ordre se produisit le 2 octobre à Tlatelolco*. Dix jours plus tard, les Jeux furent tout de même inaugurés par le président Diaz Ordaz, en célébrant la «paix»...

Des records furent battus en athlétisme en dépit de l'altitude. Mais l'événement que l'on retient de ces jeux, c'est l'image des poings levés et gantés de noir des deux coureurs du 200 mètres Tommie Smith et John Carlos. Sur le podium, ce geste était un signe de protestation contre les discriminations dont les Noirs étaient victimes aux États-Unis. À ce jour, et jusqu'en 2016 avec le Brésil, le Mexique est le seul pays latino-américain à avoir accueilli cet événement international.

JUÁREZ, BENITO

On dit au Mexique que Juárez s'écrit avec le *J* de Justice. L'homme a en effet réalisé d'importantes réformes, telle que la séparation de l'Église et de l'État, l'expropriation des biens du clergé, et la liberté des cultes. Il démocratisa aussi les cimetières, anciennement propriété de l'Église.

Né dans l'État d'Oaxaca, Benito Juárez (1806-1872) a été élu président à plusieurs reprises. Autodidacte, et de condition indigène, il ne parle au début que le zapotèque. Il apprend l'espagnol, le latin et le français, étudie le droit, débute sa carrière politique en 1833 comme député local dans l'Oaxaca, puis est nommé président de la Cour suprême en 1857. Il devient président en 1858.

En 1867, en faisant fusiller l'empereur* autrichien Maximilien de Habsbourg, Juárez donna une leçon aux Européens qui cherchaient à s'immiscer dans les affaires internes du pays.

JURADO, CONCHITA (CARLOS BALMORI)

Conchita Jurado (1865-1931) était une femme qui avait l'habitude de s'habiller en homme, de porter une moustache, et d'incarner un personnage qu'elle avait inventé : Carlos Balmori, un Espagnol de la très haute bourgeoisie. Pendant les années 1920, époque trouble au Mexique, Conchita Jurado passait son temps à jouer des tours. Sous une fausse identité, elle s'introduisait dans la haute société, courtisait les dames, et, au dernier moment, dévoilait sa vraie identité. On disait que les malheureuses avaient été victimes d'une *balmoreada*. Parfois, la bouffonnade se terminait mal et se réglait à coups de pistolets, mais Conchita réussit toujours à s'échapper.

K-L

KAHLO, FRIDA

La vie tourmentée de la peintre Frida Kahlo (1910-1954) attire toujours, et sa biographie est connue de tous grâce à de nombreux livres et à un film. Elle fut victime d'un accident de tramway à 16 ans lorsqu'un rail lui pénétra le bas-ventre ; les conséquences post-opératoires la firent souffrir toute son existence (sept opérations de la colonne vertébrale entre 1950 et 1951). Son mariage avec Diego Rivera* fit beaucoup de bruit. Ses relations avec les surréalistes français qui l'admiraient, furent tendues, et elle détestait Paris. Sa liaison avec Trotski, quand celui-ci s'exila au Mexique, fut entachée de soupçons de conspiration lorsque le leader révolutionnaire fut assassiné par Ramón Mercader*.

L'œuvre de Kahlo est exclusivement une peinture de chevalet ; elle mélange des éléments autobiographiques à un style naïf et surréaliste, tirant une partie de son inspiration du folklore mexicain ; on compte un grand nombre d'autoportraits. À l'instar des futuristes, elle insère aussi des textes dans ses peintures.

LASCURÁIN, PEDRO

La présidence de Pedro Lascuráin est considérée comme la plus courte de l'histoire du Mexique : suite à une multiplication d'intrigues, son mandat ne dura que

45 minutes, le 18 février 1913. Le président Francisco Madero nomme Victoriano Huerta commandant des armées ; ce dernier profite alors de la faiblesse du président et l'oblige à démissionner. Le Congrès choisit comme président de la république le ministre des Relations extérieures, Pedro Lascuráin. Celui-là même désigne Victoriano Huerta ministre de l'Intérieur, puis se méfiant de lui, renonce au poste de président. Tout cela en 45 minutes. Huerta devient alors président du Mexique. Il dissout le Congrès et instaure une dictature militaire. Pedro Lascuráin, enfin, refusa un poste de ministre dans le gouvernement de Huerta, se retira de la vie politique et préféra devenir professeur de droit.

LANGUES INDIGÈNES

Selon le INEGI (Institut National de Statistiques et de Géographie) il existe plus de 65 langues indiennes encore parlées au Mexique. Le náhuatl*, utilisé dans toute la vallée de Mexico et dans la Sierra Madre Orientale, demeure de loin la langue non hispanique la plus usitée.

On compte aussi le yaqui* parlé dans le Sonora, le tepehuán dans le Durango, le tarahumara dans le Chihuahua, l'otomí dans le centre, le zapotèque dans l'Oaxaca, le totonaque dans la Sierra Madre Orientale, le maya dans le sud, le purépecha dans le Michoacán, le chontal dans le Tabasco, le huasteco sur la côte du Golfe... Plusieurs de ces langues n'ont aucun rapport entre elles, ainsi le maya et le náhuatl sont aussi éloignées que le français et l'arabe le sont. La plupart de la population indienne est bilingue, mais dans certaines régions on ne voudra pas parler espagnol.

LAVEUR DE PARE-BRISE

Au feu rouge, sur une avenue, l'incontournable laveur de pare-brise s'agite. Il se présente avec un vaporisateur, un racleur en caoutchouc et une éponge crasseuse. D'une extrême rapidité, il nettoiera votre pare-brise en moins de 15 secondes pour avoir le temps de s'affairer sur une autre voiture avant que le feu ne passe au vert. Les consignes de sécurité recommandent de ne pas les laisser s'approcher et de dire « non ! » avec la main dès que vous les voyez venir. Parfois, certains repèrent ce qu'il y a dans votre voiture, collent un chewing-gum pour vous identifier et ses acolytes vous braquent au feu suivant...

LÉZARD MARRON CLAIR

On trouve au Mexique un lézard de couleur marron clair qui est presque transparent sur le ventre. C'est la *cuija*. Elle a des gros yeux noirs, et se promène la nuit sur les murs des maisons en émettant un léger bruit aigu. Dans les régions côtières du Mexique, elle est considérée comme une espèce qui peut facilement envahir les logements. La *cuija* demeure néanmoins inoffensive.

LICUADOS

Le *licuado* est une boisson qui se prépare à base de fruits, d'eau ou de lait, passés au mixeur et que l'on trouve à tous les menus des restaurants ou dans des stands de vente à emporter dans la rue.

LLORONA (LA)

La *Llorona* est une des légendes populaires locales les plus connues. Issue du temps de La Colonia, elle présente des variantes. Une âme en peine qui sillonne le monde des vivants en pleurant ses enfants qu'elle a tués. Vêtue de blanc, elle hante les ruelles la nuit se lamentant et poussant des gémissants d'outre-tombe : « *¡Ay, ay mis hijos!* » (Aïe, aïe, mes enfants!). Cette légende est devenue un immense matériau d'épouvante populaire que chacun se plaît à raconter à sa guise. La *Llorona* est susceptible d'apparaître dans toutes les contrées, une nuit d'hiver près d'un feu, dans une auberge à la montagne, et là où l'imagination se laissera séduire par les histoires de fantômes populaires.

LÓPEZ DE SANTA ANNA, ANTONIO

Antonio López de Santa Anna (1794-1876) est un politicien qui encore aujourd'hui continue d'éveiller les passions et les polémiques. Homme de son temps, il est le protagoniste des principaux changements politiques du XIXe siècle du Mexique : la déclaration de l'Indépendance après la signature du plan de Iguala en 1821 ; le premier Empire d'Agustín de Iturbide (que Santa Anna renversa plus tard) ; l'intervention française dans la Guerre des pâtisseries* (un conflit dans lequel il perdra une jambe qu'il enterra avec les honneurs de la patrie) ; la guerre du Mexique contre les États-Unis en 1846...

Santa Anna était un habile homme politique, calculateur, opportuniste, changeant de camp à sa guise, libéral et conservateur à la fois. Il fut ainsi onze fois président entre 1833 et 1855. Octavio Paz* le considère comme « l'archétype du dictateur latino-américain ». Dans un contexte politique mouvementé, il vendit la partie nord du territoire mexicain aux États-Unis. Son geste est aujourd'hui considéré comme la plus haute des trahisons. Mais pour les uns, Santa Anna ne pouvait faire autrement, et est vu comme un sauveur : sous peine de perdre tout le territoire mexicain pendant la guerre avec son voisin, il préféra en brader uniquement une partie ; pour les autres, Santa Anna ne chercha qu'à satisfaire ses intérêts personnels, sauver sa peau, et obtenir la reconnaissance des États-Unis. Le débat demeure toujours...

M

MAÏS

Très souvent en Europe, dans une cuisine médiocre, on a la mauvaise habitude d'ajouter quelques épis de maïs en boîte de conserve pour cataloguer le mets obtenu de « mexicain ». La démarche, certes réductrice, n'est pas tout à fait fausse si l'on considère que cette graine est un des piliers de l'alimentation mexicaine. Encore faudrait-il qu'il s'agisse d'un produit de bonne qualité et non issu d'une agriculture intensive. Le maïs était déjà cuisiné par les Aztèques qui vénéraient son dieu, Centéotl. Il se mange et peut aussi se boire sous la forme d'un jus appelé *atole**. Il existe en réalité plus de 50 variétés de cette graine, que l'on peut déguster de toutes les façons : fraîche, frite, bouillie, sèche, grillée, en pop-corn ; on mange même le champignon qui se forme sur son épi, le *huitlacoche**.

MALINCHE

La Malinche est une Indienne qui fut offerte à Hernán Cortés. Elle joua un rôle important dans la Conquête car elle servit d'interprète et d'intermédiaire avec les Espagnols. De son nom d'origine Malinal ou Malintzin, elle fut baptisée par les conquistadors Marina, mais c'est le nom Malinche qui resta. Elle eut un enfant de Cortés, mais fut mariée à un hidalgo Juan de Jaramillo.

Elle vécut en Espagne avec son fils, jusqu'à sa mort. Son image est devenue le symbole de la pire trahison, et un adjectif a été créé : *malinchismo*. Il désigne à la fois l'acte de préférer, imiter et complimenter tout ce qui provient de l'étranger au détriment de ce qui est mexicain, et par conséquent, de dénigrer les produits locaux.

MAQUILADORA

Les *maquiladoras* sont des usines de sous-traitance nord-américaines installées au Mexique. Apparues dans les années 1960, leur fonctionnement est simple : produire à moindre coût, avec des matières premières importées, et exporter ensuite le produit fini. Le prix très bas de la main-d'œuvre et la demande d'emploi de tous ceux qui ne réussissaient pas à passer la frontière avec les États-Unis, ont été la clé de la réussite de ce système dans les années 1990. Installées au début au nord du Mexique, elles se sont ensuite développées dans les États du sud. Le personnel qui y travaille est pour la plupart féminin et les conditions de travail diffèrent peu de l'esclavagisme. Pour une rémunération comprise entre 160 et 330 euros par mois, les salariées effectuent des journées de plus de neuf heures.

MARIA CANDELARIA

Écrit et dirigé par l'acteur Emilio « el Indio » Fernández, le film *Maria Candelaria* a obtenu la Palme d'Or à Cannes en 1943 – le premier et à ce jour le seul long-métrage mexicain à avoir eu cette récompense. Le point de départ du film est une peinture, le nu d'une femme indienne. Son histoire tragique est racontée par l'artiste lui-même : l'actrice Maria Candelaria (Dolores del Río) se voit répudiée par la communauté de Xochimilco* parce qu'elle est la fille d'une prostituée. Après maintes tribulations, elle est contrainte de poser pour un peintre, mais refuse de se montrer nue. L'œuvre sera donc achevée avec une autre femme. Les gens de Xochimilco reconnaissent néanmoins Maria Candelaria ; se sentant déshonorés, ils vont la chercher jusqu'à sa *chinampa** et la lapident. Elle expire dans les bras de son amant, Lorenzo, qui arrive trop tard pour la sauver. Le film s'achève avec une image d'anthologie : Lorenzo terrassé, navigant sur le Canal des morts à Xochilmilco, transportant le corps inanimé de Maria Candelaria.

MARIACHIS

Les *mariachis* sont un ensemble musical traditionnel originaire de l'État de Jalisco, composé d'un violon, d'une guitare, d'une *vihuela* (instrument à cinq cordes au dos convexe), d'un *guitarrón**, pilier de l'ensemble, d'une trompette et d'une harpe. L'origine du terme *mariachi* est incertaine : il pourrait venir du coca (langue indigène* du centre de l'État de Jalisco), mais aussi du mot français « mariage », puisque ces ensembles jouaient dans les mariages.

Le répertoire des *mariachis* est constitué principalement de chansons d'amour, envers un proche, un lieu, une tradition, la patrie, un moment précis... Créé depuis 1898, l'ensemble de *mariachis* le plus célèbre et le plus ancien demeure celui de Vargas de Tecalitlán. Grâce à eux, le genre conserve sa plus grande qualité traditionnelle tout en se modernisant. Ainsi, le premier opéra-mariachi, *Cruzar la cara de la luna*, a été créé par ce même ensemble et a été représenté à Paris en 2011 au théâtre du Châtelet.

MAYAS

Voir Civilisations précolombiennes.

MEGADIVERSITÉ

Le Mexique est *megadiverse* en termes de biodiversité. Pour la flore et la faune, il se situe à la troisième place des pays les plus riches au monde : on y trouve 10 000 km de côtes, à l'est et à l'ouest, sur le Pacifique et l'Atlantique ; un récif de corail qui est l'un des plus importants au monde ; des mangroves, des lagunes, des volcans, des forêts tropicales, des déserts, essentiellement situés au nord, des montagnes, des canyons, des reliefs arides... Parmi les animaux, il existerait 439 espèces de mammifères, 707 espèces de reptiles, 282 espèces d'amphibiens, et 1 000 espèces d'oiseaux. Rien que dans la réserve de la biosphère de Sian Ka'an*, on compte 20 espèces d'insectes et 84 espèces de coraux.

On peut citer quelques animaux à titre d'exemple : le quetzal*, le jaguar, symbole de la civilisation olmèque, les tortues qui viennent pondre leurs œufs sur la côte du Quintana Roo, la baleine grise au large de la Basse Californie, le bighorn, l'axolotl*, l'armadillo (ou tatou), le *tepezcuintle* (le paca, un rongeur), ou l'ocelot (un grand chat sauvage), etc. Parallèlement, il existerait 26 000 variétés de plantes, dont par exemple 600 variétés d'orchidées, parmi lesquelles la vanille. On trouve des cactus, dont le peyote*, l'agave* qui permet de faire la Tequila*, les fruits comme le citron vert, l'avocat, la mangue, l'ananas, la papaye, la *chirimoya* (chérimolier), la goyave, le tamarin, le coco, la fleur d'hibiscus*, et bien d'autres...

MENNONITES

Les mennonites, une communauté religieuse d'origine allemande remontant au XIIe, se sont installés au Mexique au début du XXe siècle dans l'État de Chihuahua. Puritains, ils conservent leurs anciens dogmes tels que la non-séparation de l'Église et de l'État, condamnent le recours à la vengeance, et ne contrôlent pas la natalité. Pacifistes, de tradition calviniste, ils pratiquent le baptême par immersion. L'agriculture, l'apiculture et l'élevage sont leur source de revenus et ils exportent un fromage qu'on appelle *queso menonita* ou tout simplement *queso de Chihuahua*, utilisé pour faire des *quesadillas**. La guerre des cartels de la drogue a provoqué un déplacement de cette communauté vers d'autres États du Mexique, voire d'autres pays d'Amérique latine comme la Bolivie.

MERCADER, RAMÓN

Sur l'ordre de Staline, le 21 août 1940, l'Espagnol Ramón Mercader assassina Trotski à Mexico. Capturé et condamné, il purgea une peine de vingt ans de prison. Il s'installa ensuite à Cuba où il mourut en 1978. Il est enterré à Moscou. Jorge Semprún écrira un roman inspiré par ce personnage, *La Deuxième mort de Ramón Mercader*, et Joseph Losey réalisera en 1972 *L'Assassinat de Trotsky* avec Alain Delon.

MERCADO DE SONORA

Au sud-est de Mexico, le Mercado de Sonora est connu pour être le « marché des sorciers » (*mercado de brujos*). On y trouve des philtres d'amour, des remèdes contre les peines de cœur ; des poudres (*polvos*) contre les mauvais esprits, contre ses ennemis ou ses voisins ; des recettes pour jeter un sort, éloigner le mauvais œil ou gagner les paris ; des objets avec des pouvoirs magiques, des porte-bonheur (*amuletos*), des reliques, etc. C'est l'eldorado pour les amateurs de sciences occultes et de bizarreries, mais aussi pour les curieux qui souhaitent jouer au sorcier un dimanche après-midi.

MÉTRO

À Mexico, aux heures de pointe, une judicieuse organisation se met en place dans le métro : les hommes sont séparés des femmes sous l'œil vigilant d'un policier ; ces dernières avec leurs enfants sont dirigées vers des wagons qui leur sont réservés. Cette régulation sert à protéger les femmes, souvent victimes d'attouchements quand les wagons sont bondés.

MEZCAL

Le *mezcal* est une boisson alcoolisée que l'on obtient après distillation de l'agave*. Contrairement à Tequila*, *mezcal* n'est pas une appellation d'origine. Dans la bouteille du *mezcal* flotte quelquefois le *gusano* (larve) du *maguey*. Il est tellement imbibé d'alcool, qu'il a perdu toute sa saveur. Certains buveurs courageux n'hésitent pas à le manger.

MEXICANISMES

L'espagnol du Mexique est influencé par les langues indigènes*. Le vocabulaire espagnol de base ne rendra jamais compte de ces termes, mêmes s'ils font référence à des objets quotidiens. Les plus connus sont ceux issus du nahuatl*, tels que chocolat*, tomate ou peyote. Mais « coyote » est aussi issu de la même langue, ainsi que « cacahuète ».

Il y a des termes qui ne sont utilisés qu'au Mexique tels qu'*aguacate* qui désigne l'avocat, (appelé *palta* au Chili), *zopilote*, signifiant « vautour », *chicle**, plus communément connu comme « chewing-gum », ou *paliacate*, un foulard aux motifs colorés. D'autres mots font aussi référence à une espèce typiquement mexicaine ou endémique du continent américain, tels que *itzcuincli*, une race de chien pratiquement sans poils, ou *ocelote*, l'ocelot, ce petit mammifère à l'allure de gros chat. La dinde, originaire du Mexique, est appelée *guajolote**, issu également du náhuatl.

MEXICANITÉ

D'un point de vue éthique, la notion de « culture mexicaine » ou de « mexicanité » a été analysée par trois philosophes. Antonio Caso y Andrade (1883-1946) qui prônait le rétablissement de l'enseignement des sciences humaines et qui a créé la Faculté de philosophie à Mexico. Il exposa l'idée selon laquelle l'« essence du Mexique » est celle de ne pas avoir d'« unité ». Samuel Ramos (1897-1959), son élève, développa ses recherches à partir de la phrase de Socrate « connais-toi, toi-même ». Il extrapola son analyse à l'État mexicain qui continue toujours de se chercher. L'essentiel de sa pensée est exprimé dans *El perfil del hombre y la cultura en México* (*Le profil de l'homme et la culture au Mexique*) publié en 1952. Son texte analyse le Mexicain face à la notion de culture. Il dénonce la tendance à utiliser la « norme européenne », le « mimétisme européen » qu'il qualifie de « péché originel ». Mais il souligne qu'il ne faut pas pour autant « faire du mexicain », car le résultat serait tout aussi faux et artificiel. Pour Ramos, le pays doit posséder une « culture mexicaine universelle » capable d'exprimer « l'âme mexicaine ». Il concluait en prétendant que la diffusion de la culture « ne doit pas se réaliser par des extrêmes », ni des nationalismes.

De son côté, le philosophe Leopoldo Zea Aguilar (1912-2004) s'est intéressé non seulement à la notion de « culture mexicaine » mais aussi à l'identité « américaine » (au sens étymologique du terme). Pour lui, l'homme mexicain, comme tout autre individu, est le produit de l'Histoire et par conséquent, sa nature est temporelle et circonstancielle. Elle est donc instable. La culture est l'expression de plusieurs pensées, il s'agit d'un « processus » et c'est en l'identifiant que l'on peut retrouver l'essence même de l'esprit humain. Leopoldo Zea Aguilar a trouvé une « unité essentielle » en Amérique latine et affirme qu'elle est bien manifeste dans une « conscience » et non pas dans une « utopie ».

Ainsi, la notion de « mexicanité » sera le thème récurrent chez les artistes, notamment Diego Rivera*, Manuel Alvarez Bravo, Carlos Chávez, et le sujet central du célèbre essai d'Octavio Paz, *Le Labyrinthe de la solitude.*

MIL USOS (MULTI USAGES)

Le niveau élevé de pauvreté, le bas niveau d'éducation et la nécessité de survivre pousse beaucoup de Mexicains à être adeptes du système D. Une pratique semble alors se mettre en place, du genre « votre demande est ma spécialité ». À défaut d'avoir une formation, on devient ce que les circonstances requièrent. Le *mil usos* (« multi-usages ») est à la fois plombier, jardinier, électricien, maçon, charpentier, cireur de chaussures, balayeur, cracheur de feu, clown, laveur de carreaux, homme de ménage, liseur de cartes...

Ainsi, la personne qui viendra réparer une fuite d'eau, saura aussi remettre à neuf des chaises, rénover un toit, tondre la pelouse, replâtrer un plafond, et s'il a le temps, cirer toutes les chaussures de la famille. Il viendra aussi avec son beau-frère ou son cousin qui sauront rafistoler le câblage électrique et bien d'autres choses.

MINES DE NAICA

En 1999, un trésor géologique a été découvert à 300 m de profondeur dans les mines d'argent et de plomb de Naica, dans le Chihuahua : des cristaux géants de sélénite, qui mesurent jusqu'à 13 m de haut et 2 m d'épaisseur, et auraient mis plus d'un million d'années à se former. Parfaitement conservées dans la Cueva de los cristales (la grotte des cristaux) à une température de plus de 50 °C, ces créations naturelles sont d'une beauté rare. Malheureusement, l'atmosphère toxique rend les séjours difficiles pour les spéléologues qui désirent les étudier de près. Les mines de Naica ne sont pas ouvertes au public.

MISS NARCO

Cette appellation est tirée du livre de Javier Valdez Cardenas publié en 2009. Elle fait référence à toutes les femmes mêlées, qu'elles le veuillent ou non, au milieu de la drogue et des *narcos**.

Certaines reines de beauté, devenues des *narco-modelos*, se retrouvent impliquées dans des réseaux de mafia, telle Laura Elena Zúñiga, mannequin et Miss Sinaloa 2008, passant des photos glamour à celles des archives policières ou encore Maria Susana Flores, Miss Sinaloa 2012, retrouvée criblée de balles lors d'une attaque policière contre des trafiquants ; la sophistiquée Sandra Ávila Beltrán, connue sous le nom de la « Reine du Pacifique », d'une très grande influence dans le milieu, a été désignée par le gouvernement comme « la délinquante la plus dangereuse du pays ». La Miss Narco peut être aussi la petite amie d'un simple sicaire, qui s'étonne, innocente, de la richesse subite de son petit ami...

Mais les Miss Narco sont également toutes ces femmes victimes des narcotrafiquants. Ce sont des mamans éplorées qui perdent leurs enfants tués par les *narcos* et qui luttent en vain contre un monstre institutionnel en demandant justice... Ce sont celles qui luttent sur le terrain contre les cartels, comme cette avocate sensuelle digne d'une production hollywoodienne, Alma Chávez, prête à risquer sa vie et déjà victime de plusieurs attentats, ou comme Marisol Valles García qui, à 20 ans, avait accepté de diriger la police municipale au nord de Chihuahua, une des régions les plus dangereuses du monde ; au bout de deux mois, elle demanda l'asile politique aux États-Unis après une interminable série de menaces de mort. Elle est considérée aujourd'hui comme « la femme la plus courageuse du Mexique ». Toutes n'ont pas cette chance : en 2012, la maire d'un village dans le Michoacán, María Santos Gorrostieta, fervente opposante aux *narcos*, est trouvée morte sur le bord d'une route…

MOCTEZUMA

Moctezuma est le nom de deux souverains aztèques : Moctezuma Ier et Moctezuma II. Le premier régna de 1440 à 1464, et le deuxième de 1502 à 1520. Cette dernière période est marquée par la rencontre avec Hernán Cortés : Moctezuma II était convaincu que l'Espagnol était l'incarnation de Quetzalcóatl*. La mort du roi indien reste un mystère, et plusieurs versions existent – la plus vraisemblable demeure celle-ci : le conquistador espagnol demanda à l'empereur aztèque, fait prisonnier après des émeutes, de s'adresser à ses sujets pour calmer les esprits ; il sera lapidé par la foule. Les Espagnols décident de fuir Tenochtitlán*, mais ils seront rattrapés et massacrés lors de l'épisode dit de la Nuit triste*.

Moctezuma est aussi le nom d'un célèbre archéologue qui, entre autres, a fondé le musée du Templo Mayor*.

MOI ? ET POURQUOI MOI ?

En janvier 2003, quand de manière autoritaire les gardes du corps du directeur de la chaîne privée TV Azteca prirent d'assaut la chaîne d'État Canal 40 afin d'usurper et d'utiliser les antennes de transmission, on demanda au président de l'époque, Vicente Fox : « Et la Loi ? Que fait-on de la Loi ? Comptez-vous intervenir ? », ce à quoi il répondit : « Moi ? Et pourquoi moi ? ». Cette question est devenue une phrase d'anthologie au Mexique. De nos jours, d'un ton ironique, elle sert à qui veut se débarrasser de ses responsabilités.

MOLE

Le *mole* – prononcez [moh-lé] – est une sauce qui accompagne du poulet ou de la dinde* (*guajolote*), et qui peut dérouter les néophytes. De couleur noire ou brune, d'un goût chocolaté et pimenté à la fois, il se compose d'une trentaine d'ingrédients, dont la base est le piment (*chile pasilla*, *chile mulata*). Viennent ensuite des amandes, des cacahuètes, des clous de girofle, différents poivres, de la cannelle, des graines de cumin, de l'anis, de la coriandre, du thym, de la marjolaine, de l'origan, du chocolat et bien d'autres... Sa préparation est très laborieuse et il en existe plus d'une vingtaine de variantes, selon les quantités utilisées pour les ingrédients et la dose de piments. À l'origine, le *mole* était préparé pour les grandes occasions.

MOLINA, MARIO

Molina est un nom répandu dans le monde espagnol mais Mario Molina est un chimiste mexicain qui a obtenu le prix Nobel en 1995. Il s'agit d'un des précurseurs de la découverte du trou dans la couche d'ozone. Il a réalisé toutes ses recherches aux États-Unis.

MOMIES DE GUANAJUATO

En 1865, la ville de Guanajuato, manquant de place dans ses cimetières, décida de mettre à la fosse commune les morts dont les tombes n'étaient pas entretenues. Celle de Remigio Leroy, un docteur français décédé en 1860, fut la première à être ouverte : à la stupéfaction des terrassiers, le corps est en parfait état de conservation. Leroy devient alors la première momie de toute une série. Au total, 111 hommes, femmes et enfants seront exhumés entre 1865 et 1989 du cimetière de Santa Paula. Enterrés dans un endroit sec et froid, et isolés des intempéries, ces corps se sont momifiés naturellement. Ils sont exposés au Musée des momies, dans une des cryptes du cimetière.

La collection, disposée debout le long d'un couloir, à portée de main, est un cauchemar composé de corps émaciés : le docteur Leroy, dans son imperméable, semble souffrir de sa résurrection, certains enfants sont habillés en anges, des corps portent toujours les traces de crimes atroces, un autre a été visiblement enterré vivant et s'est momifié dans une posture d'horreur, d'autres s'étiolent dans un silence pâmé et éternel... Une pièce macabre isolée exhibe une femme et son bébé : la momie la plus petite au monde.

Dans une société qui ne craint pas la mort, les momies sont le symbole d'un retour à la vie en même temps qu'elles représentent une communion avec le royaume des ombres. Les momies de Guanajuato ont fait plusieurs apparitions dans le cinéma mexicain, mais aussi international ; elles figurent ainsi tout au début du film de Werner Herzog, *Nosferatu* (1979).

MONOLITHE DE COATLICUE

Le monolithe de la déesse Coatlicue, mère de Coyolxauhqui*, a été découvert en 1790 en plein centre de Mexico. La statue (2,50 m de haut et 1,60 m de large) a une allure si monstrueuse et si menaçante que les docteurs de l'Université ordonnent de la re-enterrer. Le baron et explorateur Alexander von Humboldt, qui en avait entendu parler, demanda à la voir. Après son exhumation, la vision fut tellement insupportable que le monolithe retourna sous terre. Elle ne reverra le jour qu'après l'Indépendance du Mexique.

Octavio Paz* écrivit à son propos : « le passage du statut de déesse à celui de démon, puis de monstre, enfin de chef-d'œuvre illustre bien les changements de mentalités que le Mexique a connus depuis les quatre siècles derniers ». Au XXe siècle, la Coatlicue peut enfin accéder au rang d'œuvre d'art. Elle se trouve au Musée national d'anthropologie à Mexico.

MORDIDA OU L'ART DE LA CORRUPTION

L'acte de corrompre un officier de police afin de ne pas payer une amende s'appelle la *mordida* (la morsure). C'est un mode de vie, qui possède ses règles et suit plusieurs étapes. On ne la propose jamais d'entrée de jeu, même si l'on sait qu'il faudra le faire à la fin. On joue son rôle, on reste très poli avec les policiers. Ils mènent la danse, et à la fin de la transaction, ils sauront être reconnaissants – si vous avez de la chance, ils vous escorteront. Attendez l'établissement de l'amende, et proposez à cet instant-là un autre moyen de s'arranger. Le policier donnera son prix. Ne sortez jamais l'argent ouvertement, glissez-le discrètement sous votre permis de conduire ; il vous demandera de penser aussi à son camarade, et vous serez obligé d'augmenter la somme. Bien souvent, la *mordida* devient un braquage institutionnalisé en plein jour. C'est une des multiples (et infimes) manifestations de la corruption au Mexique. Dans son œuvre posthume *La Mordida* (non traduite en français), Malcom Lowry décrit cette spécialité mexicaine dont il fut victime.

MORTES DE JUÁREZ (LES)

Voir Ciudad Juárez.

MUSIQUE PARTOUT

Au Mexique, où que vous alliez, vous entendrez toujours de la musique. Que vous soyez à l'entrée d'une station de métro, à la borne d'un taxi, au marché, dans le métro, dans un restaurant... il y en aura toujours. Elle dépasse souvent des décibels supportables et on entendra tous les styles de musique dite « du monde » : la salsa, la cumbia, le mambo, les *rancheras*, les *mariachis** et bien d'autres. Vos oreilles et votre patience seront mises à l'épreuve, surtout si vous êtes dans un bus coincé dans les embouteillages qui vous impose la salsa pendant plus d'une heure...

N

NACO

Demandez à un Mexicain ce que veut dire *naco*: vous aurez une quantité de réponses, les unes aussi différentes que les autres. Il n'y a pas de terme plus subjectif; tout le monde peut être un *naco* aux yeux d'autrui. Cet adjectif, utilisé de manière péjorative, désigne un mufle, une personne qui n'a ni éducation ni sens civique et qui fait preuve de mauvais goût. C'est celui qui met ses pieds sur les fauteuils, qui écoute la radio très fort dans sa voiture, qui hurle au téléphone dans le métro, etc.

Mais le terme est plus dur: il s'applique souvent à une apparence physique bien plus qu'à une attitude. Être un *naco* est avant tout une question de faciès et de couleur de peau: l'est déjà celui qui a la peau mate. L'adjectif porte à controverse car il semble sous-entendre que l'éducation et le civisme sont une question de couleur.

NARCO

Le mot *narco* est l'abréviation de «narcotique». De nos jours, il désigne aussi bien le trafiquant de drogue que le crime organisé. On dit souvent *lo mató el narco* («il a été tué par les trafiquants de drogue»). *Narco* est aussi associé à d'autres mots pour créer des néologismes liés au monde de la drogue: *narco-estado*, un

État dirigé par les trafiquants ; *narco-fossas*, des fosses où les trafiquants enterrent leurs victimes ; *narco-peliculas*, des films sur le sujet ; *Miss narco**, les femmes liées à la drogue ; *narcocorridos**, etc.

NARCOCORRIDO

Un chant épique populaire tiré souvent de faits réels : la « ballade de la drogue » puise son inspiration dans les événements du trafic de drogue. Le *narcocorrido* exalte le style de vie des trafiquants et fait l'apologie de leurs exploits sanguinaires. Les paroles des chansons sont souvent mal interprétées par les fans et incitent davantage à la violence. Avec ce style de musique, le crime devient héroïque.

NÁHUATL

Le náhuatl est une des langues du groupe yutoaztèque. Elle était la *lingua franca* de l'Empire aztèque et aujourd'hui n'est pas une langue morte, puisqu'elle est encore utilisée par un million et demi de personnes. Attention à ne pas dire que c'est un dialecte, il s'agit d'une langue à part entière. Le mot le plus connu issu du vocabulaire náhuatl est *xocoloatl* qui devint chocolat*. En contact avec l'espagnol, des termes comme *aguacate* (avocat), *chile*, *guajolote**, *jitomate* (tomate rouge), *peyote**, *tamal**, et bien d'autres, ont vu ainsi le jour.

NIÑO FIDENCIO

Natif de l'Espinazo, dans l'État de Nuevo León, Fidencio Constantino, dit le Niño Fidencio (1898-1938) fut un guérisseur très populaire. Il avait l'habitude d'opérer sans anesthésie avec succès. Certains fidèles considèrent que le Niño continue de soigner par le biais de ses élus, appelés *cajitas* (petites boîtes). Il existe même une Église *fidencista* qui vénère le saint Fidencio. À l'instar de la Santa Muerte* ou du saint Malverde*, ce culte n'est pas reconnu par l'Église catholique. Le réalisateur Nicolás Echevarría lui a consacré un film, *Niño Fidencio, le guérisseur de Espinazo*, en 1980.

NIÑOS HÉROES

Les 12 et 13 septembre 1847 à Mexico, pendant la guerre contre les États-Unis, le château de Chapultepec fut bombardé et assiégé par les troupes nord-américaines. Lors de cette attaque, un des cadets, Juan Escutia, se serait enveloppé avec le drapeau national et se serait jeté dans le précipice pour empêcher que les troupes étrangères ne s'en emparent. Cet événement reste trouble : l'étendard mexicain aurait été finalement conquis, et n'aurait été rendu au Mexique qu'en 1952. Six corps identifiés comme des cadets de l'école militaire auraient été retrouvés sur le flanc du château de Chapultepec. Ils ont été baptisés les Niños Héroes. Il s'agit de Juan de la Barrera, Juan Escutia, Francisco Márquez, Agustín Melgar, Fernando Montes de Oca, Vicente Suárez. Un monument en leur mémoire a été érigé dans le bois de Chapultepec, à Mexico, et des rues portent aussi leur nom.

NOTE ROUGE

Très souvent au Mexique, les médias regorgent d'articles et de reportages sur des crimes. Cette partie du journal s'appelle la *Nota roja* (« note rouge »). Dans les kiosques, tous les jours, les gazettes exposent en une les photos de gens tués, accidentés, égorgés, brûlés... avec des titres racoleurs du type : « Tué dans un taxi à coups de marteaux », « Trouvé mort dans une poubelle », « Criblée de balles devant son mari », etc. De telles publications connaissent un immense succès. Crime et sang sont quotidiens. Une journée sans morts semble impossible. Lire ces informations n'a rien de macabre ni de sensationnel : elles font partie de la vie de tous les jours. Et bien souvent, dans les articles contigus, apparaît la photo d'une jeune femme plantureuse en bikini... Le crime et le sexe se marient, le plaisir sanguinaire atteint un niveau difficilement imaginable ailleurs.

NUIT DES RADIS

Depuis 1897, la ville d'Oaxaca, la nuit du 23 décembre, s'orne de scènes de fêtes populaires, dont les personnages sont fabriqués avec des radis et des feuilles sèches de maïs appelées *totomoxtle*. Leur origine remonte aux temps de la Conquête espagnole lorsque les moines dominicains enseignaient l'horticulture aux groupes d'indigènes. Lors du marché de Noël, le 23 décembre, des paysans, afin de décorer leurs stands et d'attirer davantage de clients, prirent l'habitude de confectionner des figurines avec les radis qu'ils avaient cultivés. Cette coutume se répandit et s'amplifia jusqu'à ce que cela devienne une fête officielle en 1897. Les statuettes devinrent alors des sculptures de plus en plus élaborées, des bas-reliefs, des bustes, etc., toutes conçues minutieusement dans le moindre détail. La Nuit des radis est typique du syncrétisme mexicain dans lequel la religion chrétienne est révisée, interprétée et célébrée.

NUIT TRISTE (LA)

L'épisode de la Nuit triste entremêle Histoire et mythe : après le massacre de la haute aristocratie aztèque par Pedro de Alvarado, et la mort de Moctezuma II*, les Espagnols décident de quitter la cité de Tenochtitlán la nuit du 30 juin 1520. Dans un silencieux cortège, les troupes de Cortés fuient la ville après avoir pillé le trésor de Moctezuma. Ils traversent le lac de Texcoco à l'aide d'un pont amovible constitué de petites barques juxtaposées. C'est alors qu'une femme aztèque les aperçoit et donne le signal d'alarme. Le butin des Espagnols est tellement lourd que leurs chevaux s'embourbent. Quelques instants suffisent pour que les Espagnols soient cernés par des guerriers aztèques courroucés et humiliés. Ils entament alors une épouvantable et effrayante bataille, massacrant les Espagnols. Cortés réussit à s'enfuir et c'est à ce stade des événements que l'histoire et la légende se brouillent : l'Espagnol, prenant conscience de l'atroce tuerie, se serait mis à pleurer à l'ombre d'un cyprès (*ahuhuete*), connu comme « l'arbre de la nuit triste* ». Pourquoi cette victoire aztèque est-elle qualifiée de « triste » dans l'Histoire du Mexique ?

O

OBÉSITÉ

L'obésité est un grave problème de santé publique. Le Mexique serait, après les États-Unis, le deuxième pays avec le plus grand nombre d'obèses, dont un homme qui pèserait 560 kg. La cuisine mexicaine ne serait pourtant pas à l'origine de ce problème. D'après les médecins, il s'agirait plutôt du délaissement d'une alimentation à base de maïs et de haricot au détriment d'une cuisine grasse et sucrée comme les sodas et les hamburgers.

OPÉRA MEXICAIN (PREMIER)

L'opéra mexicain est totalement inconnu des passionnés de l'art lyrique et malheureusement aussi de la plupart des Mexicains. Et pour cause, la production n'est pas comparable à l'italienne ou à l'allemande. Or le premier opéra mexicain *Parténope* du musicien Manuel de Sumaya, créé en 1711, a donné lieu à une version homonyme composée par Haendel en 1730 et à une autre par Vivaldi en 1738. Enfouie dans les archives de la cathédrale d'Oaxaca, la partition de Sumaya a été récemment re-découverte après avoir été oubliée pendant trois siècles, grâce à un chercheur péruvien, Aurelio Tello. Il ne resterait qu'une partie du livret avec quelques annotations. Cette œuvre était destinée à fêter l'anniversaire du roi d'Espagne Philippe V. Elle se compose de trois actes et d'un livret en italien traduit en espagnol. Aujourd'hui, *Parténope* cherche à s'imposer comme une œuvre majeure du baroque mexicain.

OROZCO, JOSÉ CLEMENTE

Avec Rivera* et Siqueiros*, José Clemente Orozco (1883-1949) fait partie des trois plus grands peintres muralistes mexicains. Révolutionnaire, anti-élitiste et engagé, son art se veut représentatif de la réalité sociale. Le style d'Orozco, dynamique, osé et violent, mélange réalisme et expressionnisme. Dans *El hombre en llamas*, situé au cœur de l'Hospice Cabañas*, un homme s'enflamme alors qu'il s'élève en tournoyant dans un grand espace en trompe-l'œil. C'est une œuvre épique d'une poésie vertigineuse. La peinture *Catarsis*, au Palacio de Bellas Artes*, présente une prostituée nue en putréfaction, symbole de la corruption ; martyr et plaisir sont exprimés avec une force poignante.

La peinture d'Orozco est « apocalyptique ». Contrairement à Rivera et Siqueiros, Orozco se concentre avant tout sur l'aspect humain plutôt que sur le développement d'une « mexicanité ».

P

PAIN DES MORTS

Destiné principalement aux offrandes faites aux défunts, le pain des morts, *pan de muerto*, est fabriqué à l'occasion de la Fête des morts*. Semblable à une brioche, en forme d'une demi-sphère et recouvert de sucre, il possède une petite boule sur la partie supérieure qui symbolise le crâne humain. Il se déguste avec un chocolat bien chaud et onctueux.

PALACIO DE BELLAS ARTES

Le Palacio de Bellas Artes, à Mexico, où se jouent opéras, ballets et concerts symphoniques, est une œuvre d'art en soi. Sa construction menée par l'Italien Adamo Boari débute en 1904, à la demande de Porfirio Diaz*, mais à cause de la Révolution*, il ne sera finalisé qu'en 1934. Parfait mélange d'architecture précolombienne, d'Art déco et Nouveau, le palais est d'une grande beauté : Chaac, le dieu de la pluie* maya, orne ses étages ; le rideau de scène, en mosaïque de verre, illustre la légende d'Iztaccíhuatl*. Les grands muralistes comme Diego Rivera*, David Alfaro Siqueiros*, José Clemente Orozco*, Juan O´Gorman et Rufino Tamayo en ont peint les murs.

Dès les premières années, le Palacio commença à s'enfoncer dans le sol (la ville de Mexico est construite sur un lac) et on dut injecter du ciment et de la chaux afin d'arrêter son affaissement.

PALENQUE

Au cœur du Chiapas, Palenque est une des plus importantes cités mayas. Enfoui dans la jungle, le décor est envoûtant et sa découverte mémorable, malgré l'humidité et la température élevées. D'un point de vue architectural, Palenque est un site élégant et raffiné, et présente plusieurs édifices, comme le temple des inscriptions, le Palais, le temple du Soleil. L'endroit est d'autant plus extraordinaire que tout reste encore à découvrir. Ce que l'on visite aujourd'hui n'est qu'une infime partie. Des vestiges attendent silencieusement le moment où ils seront mis au jour.

PANDAS

Tohuí est le premier panda à être né en dehors de la Chine et à avoir vécu en captivité. Née à Mexico dans le zoo de Chapultepec, le 21 juillet 1981, elle est décédée le 16 novembre 1993. Cette femelle a été l'animal le plus médiatisé dans les années 1980 : deux chansons et une vidéo lui ont été consacrées, tandis que la télévision suivait en direct ses premiers mois. En 1990, Tohuí a eu une fille, Xin Xin, conçue par insémination artificielle. Le zoo de Chapultepec a vu naître au total huit pandas.

PAPEL PICADO

Le *papel picado*, papier très fin perforé, est typique

du folklore mexicain. Ce sont des trous laissés par un système de perforation qui forment une scène. Il est souvent utilisé lors des festivités de la fête nationale, le 15 septembre dans les couleurs vert, blanc et rouge, ou pendant la Fête des morts*.

PAPIER AMATE

Le *papel amate* est originaire du village San Pablito, dans l'État de Puebla. La visite de ce village est étonnante, même si au bout d'une demi-heure, les oreilles ne supportent plus le bruit assourdissant qui fuit dans les montagnes. Tout le village résonne en un seul et unique son perçant: le martèlement d'une pierre sur le bois.

En effet, le *papel amate* se confectionne à base de racines humides que l'on assemble les unes à côté des autres en tissant une sorte de maille, sur une planche en bois. À l'aide d'une pierre, on frappe la racine qui, par la force du coup, s'étale. Au bout d'un moment, les racines aplaties se collent les unes contre les autres et forment un support uniforme comme une feuille de papier d'une couleur brune et d'un style rustique. Après l'avoir laissée sécher au soleil, on y dessine toutes sortes de scènes très colorées dans un style naïf.

PAPILLON MONARQUE

C'est le seul lépidoptère migrateur et son voyage demeure un mystère scientifique. Chaque automne, plusieurs millions de papillons monarques effectuent un voyage de 4000 km. Originaires du nord des États-Unis et du Canada, ils volent vers le Mexique en une seule génération sans jamais se perdre en route. Cette couvée a la particularité d'avoir une espérance de vie de huit mois, ce qui leur permet d'accomplir cette migration. Le périple se termine un mois après dans une forêt de conifères, les Oyamels, située entre l'État de Michoacán et l'ouest de celui de Mexico.

L'arrivée des migrants au mois de novembre est un spectacle féerique, surtout les soirs de pleine lune : les papillons virevoltent devant la lumière nocturne, créant ainsi une image fantastique. Cet événement coïncidant avec la Fête des morts*, les villageois voient en eux les âmes des défunts qu'ils vont célébrer. L'insecte hiberne, accroché aux branches des arbres, puis prend le chemin de retour au début du mois d'avril après s'être accouplé. L'odyssée s'effectuera sur trois générations car cette fois-ci, mystérieusement, leur espérance de vie est plus courte. Ainsi, à chaque cycle, la première entame le voyage et c'est la troisième qui arrive à destination. L'automne suivant, une autre génération effectuera à son tour le voyage jusqu'à Michoacán fermant ainsi un cycle de vie. Une question se pose alors : comment une lignée qui n'a jamais réalisé ce voyage et qui n'a jamais migré auparavant peut-elle retrouver le chemin de ses ancêtres ? Selon les études réalisées, le plan de route pourrait se contenir dans les gènes du papillon.

PARADOXE MEXICAIN

L'acceptation des origines met en avant un paradoxe. Les traditions et les coutumes préhispaniques sont exaltées, en même temps que l'art et la culture se réclament principalement de l'ère précolombienne. Pourtant, le Mexicain refuse son physique et d'éventuelles origines indiennes : traiter quelqu'un de « sale Indien » est une insulte et avoir la peau mate est source de complexes. À ce comportement tourmenté vient s'ajouter le fait que certains voudraient être rattachés aux États-Unis. Mais ce voisin du nord les rejette et ne les intègre pas. Le Mexicain n'est ni indien, ni espagnol, ni américain. Qui est-il alors ? Tout simplement, mexicain. C'est une quête d'identité interminable qui trouve sa réponse dans le folklore, l'artisanat, les fêtes, les traditions et l'art. Ces éléments ne définissent-ils pas d'ailleurs une civilisation ?

PARANGARICUTIRIMÍCUARO

Ce terme est un virelangue (*trabalenguas*) connu de tous les Mexicains. Il désigne le village de San Juan de Parangaricutiro*, dans l'État de Michoacán. Vous en impressionnerez plus d'un si vous réussissez à le dire sans bafouiller. Faites l'essai !

PARANGARICUTIRO

San Juan de Parangaricutiro est un village situé au Michoacán qui a été enseveli par la lave du volcan Paracutín en 1944. Tous les habitants furent évacués à temps et il n'y eut pas de victimes. Ce désastre a figé l'image de la tragédie dans une masse de lave solidifiée : impassible, l'ancienne basilique émerge encore du basalte et des cendres, alors que le clocher nord s'élance toujours vers le ciel dans une pose éternelle. Un paysage d'une inquiétante poésie, qui nous plonge dans une vision apocalyptique.

PAUVRES ET RICHES

On peut résumer tristement le Mexique en une phrase: «un pays où il y a beaucoup de gens qui ont très peu, et très peu de gens qui ont beaucoup». L'inégalité est en effet une réalité. Et pour cause, la société est organisée de manière «hyper hierarchisée»: au sommet de la pyramide, un petit groupe de familles, voire de dynasties, dont l'homme le plus riche au monde, Carlos Slim*. Cette catégorie s'oppose aux classes moyennes et à l'incommensurable société des pauvres. À la base de la pyramide, les populations indigènes qui vivent dans la plus grande misère.

Le Conseil National d'Évaluation de la Politique Sociale (CONEVAL), qui mesure la précarité au Mexique, avançait une augmentation de 48,8 millions à 52 millions de pauvres entre 2010 et 2012, dont la moitié vivrait avec 1,50 euro par jour. Le nombre de personnes vivant dans le plus extrême dénuement, 11,7 millions, n'aurait pas, lui, évolué sur cette même période. Des chiffres alarmants lorsque l'on sait que la population du pays est de 106 millions d'habitants, et que seulement 36 familles, d'après Forbes, généreraient chacune une moyenne de revenus annuels de 750 millions d'euros.

Les politiques libérales depuis 1988 ont continué de creuser l'abîme entre les riches et les pauvres et de laminer les classes moyennes.

PAZ, OCTAVIO

Diplomate, poète et essayiste, Octavio Paz (1914-1998) est à ce jour le seul Mexicain à avoir obtenu le prix Nobel de littérature (1990). Son principal recueil de poésies est *Liberté sur paroles* (1958), mais son essai le plus célèbre reste *Le Labyrinthe de la solitude* (1950) dans lequel il cherche à saisir l'essence de l'identité mexicaine, une démarche déjà entamée par Samuel Ramos. Une des idées les plus amères développées par Octavio Paz est celle des origines : le Mexicain porterait encore en lui les stigmates de la Conquête et il a forgé son caractère au milieu des restes de son passé précolombien ; il tente alors d'oublier sa condition en s'adonnant aux fêtes ou en multipliant les masques dans l'artisanat.

PEYOTE

Le *peyote*, ou *peyotl*, est un cactus hallucinogène sans épines. Originaire du nord du Mexique, les Tarahumaras considèrent cette cactacée quasiment comme un dieu et l'utilisent dans leurs rituels, dont celui de la Semana santa Tarahumara*. Légalement, l'exploitation du *peyote* est interdite.

PINCHE INDIO

Pinche indio, c'est-à-dire « sale Indien », est une insulte, très souvent utilisée en fonction de la couleur de peau. Quelqu'un ayant un tant soi peu le teint mat est déjà un « Indien », c'est-à-dire, celui qui s'oppose au Blanc, à l'Européen, à l'« Espagnol ». Dans cette perspective, de manière totalement arbitraire et péjorative, toute personne à la peau mate est un Indien ; et celui-ci ne peut être que sale, mal élevé, primaire, archaïque, et par conséquent mérite qu'on le traite de *pinche indio*. Héritage datant de la conquête espagnole, l'indigène était vu comme celui qu'il fallait éduquer, évangéliser et « civiliser » afin de l'extraire de son état « sauvage ».

Ainsi, le vocable *indio*, à lui tout seul, est une insulte. *No seas indio* (ne sois pas indien) est utilisé lorsqu'une personne manque de civisme, fait preuve d'ignorance ou de manque d'éducation.

PILÓN

Le *pilón*, c'est un bonus, un geste qui vise à donner toujours un peu plus. Sur les marchés, la coutume est de donner un *pilón* au client. Si vous achetez une douzaine d'oranges par exemple, le commerçant pourra vous en mettre deux de plus en disant : « voici votre *pilón* », ou vous offrir un autre fruit. C'est un ajout, presque rien, mais qui peut faire la différence avec d'autres commerçants.

PIRATERIE

La piraterie est très répandue et présente sur tous les marchés. Les DVD, les logiciels informatiques, les parfums, les vêtements, et toutes les grandes marques sont systématiquement copiés : vous trouvez une paire de tennis Mike ou Raebock, des parfums Chamel, des chemises LaCoste, des boissons CACO COLA, des chaînes hi-fi SONNY, des Jeans Leivi's, des lunettes CUGGI... l'imagination est inépuisable, et il est très amusant de répertorier toutes ces contrefaçons. La profusion des produits piratés atteint des degrés si élevés qu'ils forment une autre option aux produits légaux, devenant une économie parallèle non négligeable. L'arrivée des produits chinois a ébranlé le système mexicain des flibustiers : les produits « Made in China » se vendent mieux que n'importe quel autre article piraté. Une seule solution donc : pirater le concept. Des fausses étiquettes « Made in China » ont alors été collées sur des produits nationaux contrefaits...

PIRULÍ

Le *pirulí* est un caramel à base de sucre en forme de cône multicolore. Il est toujours enrobé d'un papier cellophane qu'il faut décoller en le trempant dans de l'eau chaude. Aux goûts variés, agréable à la vue et au palais, le *pirulí* est néanmoins très gênant pour les dents : il y reste collé.

POLITESSE

Au Mexique tout semble possible. Tout semble faisable. Dans la ville, si vous cherchez un objet, un restaurant ou quelque chose de bien précis, vous pourrez rentrer dans n'importe quelle boutique et demander l'adresse où trouver l'objet en question. On ne vous répondra jamais « non », et l'on cherchera la réponse la plus adéquate pour aider. Évidemment, il va de soi que plus vous serez poli, plus on vous aidera dans vos démarches.

POLYGAMIE

Dans toute société où la polygamie est interdite, celle-ci n'est pas pour autant inexistante. Et dans un pays comme le Mexique où la famille est sacrée, l'infidélité trouve un compromis social entre les mœurs et la bienséance : la maîtresse, *la Otra*, (« l'Autre ») est reconnue, progéniture incluse, méritant ainsi foyer et gîte, une *casa*. On dit alors que l'homme en cause possède deux maisons, la *casa grande* (la grande maison) et la *casa chica* (la petite maison) – la première, celle du mariage officiel, et la deuxième, du ménage illégitime. L'expression viendrait du temps de la Conquête, lorsque dans les grandes *haciendas* se divisaient en *casa grande* pour le séjour, et *casa chica* pour les annexes.

POPOCATÉPETL

Situé entre l'État de Puebla et celui de Mexico, le Popocatépetl est un volcan qui culmine à 5 426 m d'altitude. Sa silhouette gigantesque, ses éruptions colossales sont à l'origine de nombreuses légendes. Dans le mythe aztèque de la Femme endormie, Popocatépetl était un guerrier amoureux d'Iztaccíhuatl*. D'un point de vue historique, en 1519, Cortés fut intimidé et impressionné lorsqu'il passa par la ville de Cholula* et qu'il entendit le grondement du volcan. En 1994, le volcan se réveille. En 2005, un panache de cendres est éjecté du cratère atteignant plus de trois kilomètres de haut, envahissant jusqu'à la ville de Mexico. Un spectacle redoutable et merveilleux à la fois. De nouvelles fumées de cendres ont été expulsées en 2011 et en 2012.

POSADA, JOSÉ GUADALUPE

José Guadalupe Posada (1852-1913) est un graveur très célèbre, connu notamment pour sa série *Les Calaveras*, qui met en scène des squelettes de révolutionnaires dont celui de Pancho Villa*. Son œuvre illustre des faits divers : un incendie dans un marché, une inondation, des fêtes, des rixes, des miracles, un *serial killer*... ou des faits insolites comme une femme qui accouche de trois enfants et quatre animaux, ou un enfant avec un visage sur ses fesses, etc. Les gravures de Posada sont à placer dans un contexte précis : la dictature de Porfirio Diaz* et la révolution* mexicaine. Son œuvre est imprégnée des transformations qui vont donner naissance au Mexique moderne. C'est sans doute pour cette raison que Posada est un des principaux représentants de l'âme et de l'art mexicains. Il a influencé les peintres Rivera* et Orozco* et il est l'auteur de la mythique Catrina* qui réapparaît dans la fresque de Rivera *Sueño de una tarde dominical en la Alameda central**. Les restes de Posada reposent dans une fosse commune...

PRI

Le PRI, Parti Révolutionnaire Institutionnel, a été créé en 1929 après la Révolution* de 1910. Afin de réunir toutes les forces opposées et d'éviter une guerre de factions, le président Plutarco Elías Calles eut l'idée de créer un parti dans lequel elles seraient toutes réunies. Depuis 1929 et jusqu'en 2000, tous les présidents du Mexique étaient issus de ce parti et se succédaient les uns aux autres : celui en poste nommait son successeur ; les candidats pressentis demeuraient secrets sous le statut du *tapado* (le caché), puis l'élu était désigné par la pratique du *dedazo*, c'est-à-dire en étant pointé du doigt. Le candidat officiel se présentait alors aux élections, faisait campagne, et était élu président. Et cela sans interruption pendant 71 ans... et à nouveau en 2012.

La fraude électorale se déroule en coulisses. Les

couleurs et l'emblème du parti sont celles du drapeau mexicain, et dans un pays qui compte un grand nombre d'analphabètes, on explique que démocratie veut dire «voter pour son pays»: parmi tous les bulletins, ils cochent alors celui du PRI. Les militaires votent dès l'ouverture des bureaux, très tôt le matin; ainsi quand les civils s'y rendent, les bulletins sont épuisés. On achète aussi le vote, une pratique extrêmement commune: sous la menace de leur couper les vivres, des milliers de pauvres doivent en échange bien se prononcer. Les morts ont aussi l'habitude d'exprimer leur choix et, lors de l'élection, on assiste à la plus grande résurrection… Des malfrats parcourent les villes votant plusieurs fois pour le PRI. À cela, il ne faut pas oublier toutes les urnes brûlées et volées… En 1989, la fraude a atteint un cynisme inégalé: le candidat de l'opposition, Cuauhtémoc Cardenas du PRD devançait celui du PRI Carlos Salinas de Gortari, quand soudain le système informatique de comptage tomba en panne… Lorsqu'il fut rétabli, le PRI gagnait l'élection…

En 2012, le candidat du PRI aurait distribué des milliers de cartes de crédit aux citoyens pour qu'ils puissent dépenser. Le PRI gagna l'élection. Or, le cadeau s'avéra sans fonds et les gens ne purent utiliser leurs cartes… Le PRI était de retour.

PULQUE

Le *pulque* est une boisson alcoolisée obtenue suite à la fermentation du sirop d'agave*. Au temps des Aztèques*, elle était offerte aux dieux et lors des sacrifices avait un usage sacré. Il se consomme dans une *pulqueria*; l'écrivain tchèque Egon Kisch décrit de la sorte leur accès dans *Découvertes au Mexique*: « Deux planches branlantes [...] afin que le buveur titubant ne se heurte pas en sortant à la résistance d'une porte ».

PYRAMIDES

La comparaison des pyramides précolombiennes avec celles d'Égypte n'est pertinente que pour déceler les grandes différences qui les séparent et pour conclure qu'elles n'ont rien en commun. En effet, comme celles du Caire, la structure des pyramides méso-américaines est inhérente à la civilisation qui l'a construite. Leur forme diffère d'une culture précolombienne à une autre : les constructions de Teotihuacán n'ont rien à voir avec celles du Tajín, ni avec celles de Chichén Itzá*, ou celle du Templo Mayor*. Elles ne se ressemblent pas. Différence importante avec celles de l'Égypte, elles n'ont pas de pointe sur leur sommet et sont tronquées.

Les pyramides étaient avant tout des centres cérémoniaux. Et au Mexique, là où se trouve de nos jours une église, il y avait jadis certainement une pyramide. Lors de l'évangélisation, les prêtres espagnols comprirent vite le rôle et l'importance de celles-ci; ils les remplacèrent alors par des églises. Le cas le plus surréaliste se trouve dans la ville de Cholula* : la baroque Nuestra Señora de los Remedios se situe sur une pyramide qui n'a pas encore été défrichée. Autre exemple : à Mexico, au Zócalo, la cathédrale repose sous les vestiges de la ville de Tenochtitlán*. Sous le Rosario, les archéologues ont trouvé la base du Templo del Sol, ainsi qu'un jeu de pelote. Malheureusement, ceux-ci ne sont pas ouverts aux visiteurs, car trop enfouis dans le sol.

PYRAMIDE DANS LE MÉTRO

Tous les jours, à Mexico, dans la station de métro Pino Suarez, des milliers de passagers contournent une pyramide aztèque dédiée à la divinité du vent, Ehécatl. Découverte lors de la construction du métro, elle est restée sur place. Un lieu incroyable auquel personne ne prête guère plus attention.

Q

QUESADILLA

La *quesadilla* est faite à base de *tortilla** et de fromage (*queso*), d'où son appellation. Elle peut comporter d'autres ingrédients, tels que de la purée (*papadilla*), des champignons, des piments, du chorizo, du jambon (*sincronizada*), etc. Attention, on dit une *quesadilla* au singulier et des *quesadillas* au pluriel. Par un abus de langage très commun, on a tendance à dire « une quesadillas », une faute qui revient à dire « un panini » en français.

QUETZAL

Le terme *quetzal* dérive du náhuatl* *quetzaltótl* qui signifie « oiseau de plumes vertes très longues ». Mesurant une trentaine de centimètres sans compter la queue, le *quetzal* est un très bel oiseau qui habite dans des régions humides. Il possède un long plumage de couleur verte. Associé au culte de Quetzalcóatl*, il a été vénéré par les Aztèques et les Mayas. Les grands seigneurs utilisaient le plumage de cette oie pour orner leurs tenues vestimentaires. C'est avec ses plumes également que le panache de Moctezuma a été réalisé. Le *quetzal* est une espèce en voie d'extinction.

QUETZALCÓATL

Le dieu Quetzalcóatl est une des principales divinités du panthéon aztèque. Il peut être associé au vent, Ehécatl. Il représente le dieu de la terre et de la création. Le mythe raconte qu'il aurait récupéré les os des anciens morts, les aurait moulus puis arrosés de son sang. Présent chez les Toltèques, le dieu Quetzalcóatl devait revenir un jour récupérer son trésor. Trois ans avant l'arrivée des Espagnols, Moctezuma* vit une comète dans le ciel et l'interpréta comme le retour imminent de Quetzalcóatl. Ainsi, lorsque Cortés se présenta devant lui, il était convaincu qu'il s'agissait du dieu lui-même. L'empereur aztèque lui remit un collier en verre et le logea dans le palais d'Axayácatl, où les troupes espagnoles découvrirent des trésors inimaginables, dont le serpent bicéphale*. C'est ainsi que la conquête du Mexique prit un caractère surnaturel.

QUEZADA, ABEL

Abel Quezada (1920-1991) est l'un des caricaturistes politiques les plus célèbres du Mexique. Il a même illustré le *New Yorker*. Le trait caractéristique de ses personnages est le «rafistolage, le tordu, le bancal». De 1954 à 1989, Abel Quezada fait passer ses idées avec le personnage du Charro Matías, un *mariachi** aux grandes aspirations; reflet de la rhétorique politique, il est cynique et joue dans tous les camps. Avec un grand talent humoristique, Abel Quezada critique le système et le faux nationalisme, et s'inscrit dans la lignée de Samuel Ramos et d'Octavio Paz*.

R

RACE (LA)

Au Mexique, on célèbre le 12 octobre le jour de la « Race » : c'est la date commémorative de l'arrivée de Christophe Colomb en Amérique, en 1492. Par métonymie, la « race », c'est « tous les Mexicains ». Être *raza*, c'est être mexicain. Le terme n'a aucune connotation raciste ni politique, mais cherche à ne pas nier les origines indiennes et le syncrétisme culturel.

REAL DE CATORCE

Fondée officiellement à la fin du XVIIIe siècle, Real de Catorce est une ancienne ville minière qui connut son épanouissement au XIXe siècle. Elle fut abandonnée par la majorité de ses habitants lorsque le cours de l'argent chuta considérablement au début du siècle suivant. Les anciens bâtiments désaffectés se délabrèrent et le lieu isolé façonna sa réputation de « village fantôme ». Située au nord de l'État de San Luis Potosi, à 2750 m d'altitude, Real de Catorce semble figée dans le temps. On ne peut y accéder qu'à cheval en traversant un tunnel long de deux kilomètres qui donne déjà l'impression de s'enfoncer dans le passé. Ses ruelles rocheuses et dégradées perchées sur la sierra sont encore peuplées par quelques habitants. Paradoxalement, cette image pittoresque a attiré les touristes, de plus en plus nombreux chaque année. Si Real de Catorce n'a plus rien de vraiment fantasmagorique, elle commence à retrouver une certaine prospérité.

REQUIEM MEXICAIN

En 2011, Marcela Rodriguez composa le *Requiem mexicain* tiré de l'œuvre du missionnaire Bernardino de Sahagún, *La vision des vaincus*. Il s'agit plutôt d'un oratorio qui comporte sept parties et qui introduit les personnages de la Llorona* et de la Malinche*, ainsi que la divinité Tezcatlipoca. L'œuvre fait contraster simultanément les voix et intervenir des insultes comme *hijo de la chingada**, etc. Une œuvre originale qui utilise tous les ressources de la musique contemporaine et les registres de la voix.

RÉSERVE DE LA BIOSPHÈRE SIAN KA'AN

Sian Ka'an, littéralement le « lieu où naît le ciel » en maya, est en réalité un paradis naturel... sur Terre. Situé dans l'État du Quintana Roo, il s'agit d'une réserve naturelle de 650 000 hectares qui abrite des forêts tropicales, quatre types de mangroves, des marais, des récifs. La deuxième barrière de corail la plus importante au monde prospère sur 120 km de côtes. On a répertorié 350 espèces d'oiseaux, 103 espèces de mammifères, 47 variétés de libellules et 318 de papillons. À Sian Ka'an, la couleur du ciel se mélange avec celle de l'eau ; la beauté paradisiaque des lieux valorise les efforts mis en œuvre pour la protéger. L'accès est très contrôlé, le règlement interne très strict et certaines zones ne sont accessibles que sur permis. Le site maya de Tulum* se trouve dans la réserve de Sian Ka'an.

RETARD

La scène suivante est très courante au Mexique : quelqu'un dit « J'ai rendez-vous avec mon cousin à l'autre bout de la ville ». Vous lui demandez : « À quelle heure ? », et lui, de répondre tranquillement : « Là, maintenant. »... Le Mexicain ne court pas. L'heure d'un rendez-vous n'est qu'une supposition, une idée approximative, une référence à partir de laquelle on se situe dans le temps. On se donne rendez-vous « à partir » ou « vers » une heure donnée. Un conseil alors : ne soyez jamais à l'heure, vous risquez de perdre du temps et surtout votre patience.

RÉVOLUTION

La révolution mexicaine, qui eut lieu de 1910 à 1920, s'est déroulée sous l'arbitrage des États-Unis. L'humoriste Rius* la résume éloquemment ainsi : « les *gringos** ont tué Madero ; Zapata* a été tué par Carranza, Carranza par Obregón qui élimina Pancho Villa* et Obregón a été tué par l'Église et Calles ; quant à Calles, il a été destitué par Cárdenas qui n'a plus tué personne ». Et Rius de conclure : « après la Révolution, le pouvoir fut occupé par les mêmes, mais avec d'autres noms et d'autres visages : les riches, le clergé, et les militaires ». Afin d'éviter une guerre de factions, ils se rassembleront tous dans un seul et unique parti, le PNR, Parti National Révolutionnaire, qui deviendra par la suite le PRI*.

RIUS

Eduardo del Rio, dit Rius (né en 1934) est un caricaturiste. Il crée en 1965 *Les Supermachos* et *Los Agachados*, deux séries de bandes dessinées qui mélangent contenu didactique et critique politique. Afin d'expliquer des concepts économiques ou philosophiques, d'éclaircir l'histoire du Mexique, de démystifier la religion, d'élucider le communisme, l'artiste dessine des personnages qui emploient un vocabulaire populaire sans être grossiers, utilise une seule couleur et imprime sur le papier le plus abordable. Considéré comme subversif, Rius fut maintes fois censuré et victime de menaces et d'agressions physiques. Auteur prolifique, il combat les idées reçues et aborde une multiplicité de thèmes, telle que la mauvaise alimentation, le machisme, le marxisme, le capitalisme, la Bible, le sexe, l'histoire de la BD, et bien d'autres.

RIVAS MERCADO, ANTONIETA

Antonieta Rivas Mercado (1900-1931) fut une mécène. Fervente lectrice, elle introduisit un théâtre de grande qualité au Mexique. À Paris, elle voulut faire partie du corps du ballet de l'Opéra en 1909, mais son père s'y opposa fermement. Amie du dramaturge espagnol Federico García Lorca, Antonieta Rivas Mercado était aussi une fervente féministe. Fille du sculpteur Antonio Rivas Mercado, le créateur de la colonne de l'Indépendance à Mexico, qui représente un ange, elle porte le surnom d'« ange » ou d'« ange déchu ». La vie d'Antonieta Rivas Mercado a inspiré les artistes comme Carlos Saura qui a réalisé le film *Antonieta* (1982) avec Isabelle Adjani dans le rôle principal, ou bien le musicien Federico Ibarra (né en 1946) qui composa un opéra intitulé *Antonieta* en 2010. Antonieta Rivas Mercado se suicida dans la cathédrale de Notre-Dame, à Paris.

RIVERA, DIEGO

Diego Rivera (1886-1957) est un des plus célèbres peintres mexicains. Grand muraliste et membre du Parti communiste, toute son œuvre est imprégnée de son idéologie politique. Après un bref séjour à Paris en 1911, ses premières peintures tentent timidement de suivre un style cubiste. De retour au Mexique, il éprouve « une jubilation esthétique indescriptible » et se forge un style personnel. Son travail a une portée pédagogique et cherche à trouver une identité culturelle ; il tire ses thèmes dans ce qui est réellement mexicain et rejette toute mauvaise imitation européenne. Ainsi, plusieurs de ses œuvres racontent l'histoire de son pays, comme *Le Sueño de una tarde dominical en la Alameda central** ou celles du Palacio Nacional, à Mexico, qui narrent l'« épopée du peuple mexicain ». Sa peinture monumentale est engagée, dénonçant les injustices sociales. Provocatrice aussi : en 1933, lorsqu'on lui commande une fresque pour le Rockefeller Center, le peintre dessine le portrait de Lénine. Le mural sera complètement détruit. De retour à Mexico, il le repeindra dans le Palacio de Bellas Artes*. Diego Rivera s'est marié et a divorcé à maintes reprises avec Frida Kahlo*.

ROCK

L'essor du rock mexicain a lieu au tout début des années 1980, en réaction à deux éléments. D'abord, le conflit armé des Malouines au cours duquel s'affrontèrent l'Argentine et l'Angleterre en 1982, suscitant dans toute l'Amérique latine une forte opposition vis-à-vis de la culture britannique et en particulier de son rock. Ensuite le mouvement socio-culturel dit de la *Movida* qui surgit en Espagne en 1981. Une nouvelle voie est ainsi ouverte. La compagnie de disques BMG Ariola crée le label « Rock en tu idioma » et des groupes comme El Tri s'affirment. Des maisons de production investissent alors dans des groupes comme Caifanes, Kenny y los eléctricos, Mask, Botellita de Jerez, la Cruz de Tijuna, et bien d'autres. Même si le label « Rock en tu idioma » disparaît quelques années après, il aura permis la consolidation du genre musical. Ainsi Cafe Tacuba et Maná, qui se produisirent à Paris en 2002, firent-ils leur apparition sur la scène du rock mexicain dans les années 2000 comme Ultrasónicas, Volován, San Pascualito Rey, Cabezas de cera, Descartes a Kant... et bien d'autres.

ROMPOPE

Le *rompope* – prononcez [rome-pô-pé] – est un breuvage d'une consistance épaisse au goût de vanille, d'une belle couleur jaune. Préparée à base de jaune d'œufs, cette liqueur était concoctée traditionnellement par des nones dans les couvents franciscains de l'État de Puebla.

RUELAS, JULIO

Né dans le Zacatecas, Julio Ruelas (1870-1907) est un peintre qui ne se réclame pas de la « mexicanité ». Profondément influencées par le symbolisme belge et notamment par Félicien Rops, ses peintures semblent plus universelles et plus « européanisantes ». Inconnu en Europe, Julio Ruelas a pourtant vécu à Paris où il est décédé en 1907. La légende raconte qu'il aurait trépassé subitement, après une nuit bien arrosée, dans le lit d'une femme qu'il venait juste de rencontrer. Julio Ruelas est enterré au cimetière du Père-Lachaise, à Paris.

RUELLE DU BAISER

Le *callejón del beso* (la ruelle du baiser) se trouve à Guanajuato. C'est une ruelle tellement étroite qu'une seule personne à la fois peut s'y engager, et où les balcons des maisons en vis-à-vis se frôlent. Cette configuration a donné lieu à la légende du *Callejón del beso*. Elle raconte que deux amants, dont les familles étaient ennemies, se retrouvaient en cachette aux balcons pour consommer leur amour interdit.

RULFO, JUAN

Né le 16 mai 1918, Juan Rulfo (1917-1986) est connu pour son recueil de nouvelles *Le Llano en flammes* (1953) et son unique roman *Pedro Páramo* (1955). Ce dernier est un pilier de la littérature latino-américaine. Son œuvre se situe dans la même lignée que celles de Faulkner, Joyce et Woolf. Il met en scène des personnages déjà morts, tandis que la narration évolue de la première à la troisième personne. Dans un style à la fois réaliste et surnaturel, le récit se disloque et évolue dans une atmosphère trouble. En bref, l'œuvre de Rulfo décrit un voyage fantastique qui a comme décor la campagne mexicaine.

S

SABINA, MARIA

Née en 1894, dans l'État d'Oaxaca, Maria Sabina est une *chamán* internationalement connue qui utilisait des champignons hallucinogènes pour guérir différents maux. Dans les années 1960, elle eut son heure de gloire auprès des rock stars comme John Lennon ou Mick Jagger, adeptes de psychotropes. Pourtant, elle mourut en 1985 dans l'extrême pauvreté. Son image devint alors celle d'une icône certes subversive, mais aussi commerciale. Le cinéaste Nicolas Echevarría réalisa un documentaire sur elle en 1978, *Maria Sabina, la femme esprit.*

SAINT JUAN DIEGO CUAUHTLATOATZIN

San Juan Diego est le premier et unique saint catholique d'origine indienne. Canonisé par le pape Jean-Paul II en 2002, Juan Diego aurait vu la Vierge de Guadalupe* sur la colline du Tepeyac le 9 décembre 1531.

SAINT LUNDI

Au Mexique, lorsque certaines personnes décident de ne pas aller travailler le lundi, on dit que le salarié fête la Saint Lundi (*San Lunes*)...

SAINT MALVERDE

Considéré comme le saint des narcotrafiquants, Jesús Malverde est une figure mythique. Connu aussi comme le *bandido generoso* (le bandit généreux) ou le *ángel de los pobres* (l'ange des pauvres), il possède son principal sanctuaire à Culiacán, dans l'État de Sinaloa, même si au fil du temps, des chapelles à son effigie se sont érigées dans d'autres villes du nord. L'existence de Jesús Malverde est souvent remise en question et il pourrait ne s'agir que d'une légende: cheminot au temps de la Révolution*, il aurait pillé des trains afin de redistribuer les richesses collectées aux pauvres. Cette image de Robin des Bois et de renégat a été reprise par les narcotrafiquants qui lui ont attribué des pouvoirs miraculeux. Ainsi, quand ils doivent tuer un rival, faire parvenir une cargaison de marchandise ou partir en guerre contre un autre cartel, les *narcos** lui adressent une prière. Mais Malverde est aussi le saint des plus démunis: les Mexicains qui vont entamer le périple pour traverser illégalement la frontière des États-Unis lui consacrent des prières de grâce, protection et soutien.

SANBORN'S

Sanborn's est une chaîne de restaurants et de magasins qui appartient à Carlos Slim*, l'homme le plus riche du monde. Son enseigne représente trois hiboux devant une demi-lune. Livres, revues, CD, télévisions sont à disposition et un menu de cuisine mexicaine est proposé. Dans une ambiance familiale, les serveuses sont habillées en tenue typique de l'Oaxaca. Elles apportent du café autant de fois que désiré pour le prix d'une seule tasse et on peut y rester longtemps sans être dérangé. Il existe plus de 200 Sanborn's au Mexique ; le plus connu est celui de la Casa de los azulejos* à Mexico.

SANTA

Santa est un roman homonyme de l'écrivain Federico Gamboa écrit en 1903. Ce mélodrame naturaliste situant l'action dans un lupanar a fait l'objet de plusieurs adaptations cinématographiques : en 1918 par Luis G. Peredo et en 1931 par Antonio Moreno. Cette dernière version est considérée comme le premier film sonorisé mexicain. À l'instar des nouvelles de Guy de Maupassant, l'action du film raconte les tribulations d'une femme abandonnée et contrainte à la prostitution. Fascinés par cette thématique, les cinéastes mexicains feront d'elle la colonne vertébrale du cinéma national pendant plusieurs décennies, comme l'illustrent les trois versions du film *La Femme du port**, inspiré précisément d'un des récits de Maupassant.

SANTA MUERTE

Depuis une dizaine d'années, un culte lugubre continue de rassembler un nombre important de fidèles, surtout parmi les populations les plus défavorisées : le culte à la « Sainte Morte ». Il serait né d'un mélange de dévotion populaire et d'interprétation singulière d'images chrétiennes : Saint Bernard de Clairvaux, un moine français du XIIe siècle aurait été représenté au Mexique par un squelette habillé : son adoration s'est alors transformée en supplications à une « sainte » morte. Ainsi naquit le culte à la Sainte Morte qui commença à se populariser très vite. Appelée aussi *La flaquita* (la petite maigre), et considérée comme très miraculeuse, la Santa Muerte ne possède pas de sens diabolique. Elle ne représente pas non plus l'image du démon, ni l'épouvante. Son culte n'appartient pas à une secte ni à une congrégation ; il s'agit plutôt d'un acte de foi personnel.

Issus des quartiers les plus démunis, des milieux carcéraux, de ceux de la drogue et de la prostitution, les dévots s'adressent à elle en espérant trouver une sortie à leur condition. « Si c'est elle qui va nous emmener, alors qu'elle nous protège pendant qu'on l'attend » est la devise du fidèle – il est étonnant de constater que les prières de vie sont adressées à la Mort. Le culte à la Santa Muerte, mélange de prières chrétiennes et païennes, illustre parfaitement le syncrétisme religieux, un phénomène très perceptible ici.

SANTANA, CARLOS

Carlos Santana est considéré comme un des meilleurs guitaristes au monde. Son père, membre d'un groupe *mariachi**, lui apprit à jouer du violon. Dans les années 1960, il embarque pour les États-Unis et forme à San Francisco le groupe Santana Blues Band, puis Santana. Mélangeant des rythmes latinos, afro-cubains et de jazz, il crée le style « latin-rock », et devient mondialement connu suite à sa prestation au festival de Woodstock en 1969. Trente ans plus tard, l'album *Supernatural* s'est vendu à 26 millions d'exemplaires dans le monde et a neuf fois obtenu le Grammy Award.

On y trouve entre autres le tube *Corazón espinado* interprété par le groupe mexicain Maná. Le son de guitare de Santana se reconnaît immédiatement. Grâce à son style très personnel, et à ses rythmes variés, il a su s'imposer au plus haut niveau.

SAPIN DE NOËL

Le Sapin de Noël (*Árbol de Navidad*) est une formation naturelle composée de mousse qui s'est installée sur une grandiose muraille rocheuse, prenant l'apparence d'un immense conifère. Cet *Árbol de Navidad* se trouve sur une des parois du Cañón del Sumidero, entre les États du Chiapas et du Tabasco. Traversé par le fleuve Grijalva, il est constitué de très hautes falaises, de grottes, de chutes d'eau et de jungles profondes. On peut parcourir le fleuve sur une partie de son cours afin de découvrir ce paysage sauvage et spectaculaire, et toute la faune qui y vit, crocodiles, oiseaux...

SEMAINE SAINTE TARAHUMARA

La célébration de la semaine sainte chez les Tarahumaras est un rituel intrinsèquement syncrétique, avec des cérémonies enracinées dans le christianisme réinterprété par les Indiens. Elles représentent le triomphe du Bien dans sa lutte éternelle contre le Mal. Pendant 48 heures, les Tarahumaras dansent afin de l'éloigner, et que le monde puisse continuer d'exister. Cette endurance spectaculaire demeure encore un mystère scientifique. Le peuple des Tarahumaras est connu sous le nom de *rarámuri*, qui signifie dans leur langue «pieds légers». Le vendredi Saint, les Tarahumaras boivent le *tesgüino*, une sorte de bière à base de maïs* fermenté qui, selon la tradition, permet de rendre l'âme au corps. Le samedi, le *sábado de Gloria*, le Bien finit par triompher de Judas, un pantin en jeans qui brûle sur le bûcher.

SEÑOR DE LAS LIMAS

Le *Señor de las limas*, une sculpture olmèque taillée en «pierre verte», est considéré comme un joyau de l'art précolombien. Il représente un jeune homme assis en tailleur tenant dans les bras un enfant-jaguar. La sculpture fut trouvée par deux enfants dans le village de Las Limas, dans l'État de Veracruz. Elle demeura longtemps une idole pour les villageois qui lui dressèrent un autel. Ils conservèrent la pièce jusqu'à ce qu'elle rentrât en possession de l'INAH (Institut national d'Anthropologie et d'Histoire), qui la transférera au musée d'anthropologie de Xalapa, la capitale de l'État de Veracruz. Dans les années 1970, le *Señor de las limas* fut volé et retrouvé aux États-Unis. Récupéré, il fut rendu au Mexique.

SERPENT À PLUMES

Voir Quetzalcóatl.

SERPENT BICÉPHALE

Le serpent bicéphale est une pièce d'art aztèque exceptionnelle, d'une beauté indescriptible. Réalisé à base de mosaïque turquoise, il représente un serpent en contorsion possédant deux têtes à chaque extrémité. D'après les spécialistes, cette œuvre aurait pu se trouver parmi le trésor que les Espagnols découvrirent lorsqu'ils furent logés dans le palais d'Axayácatl par Moctezuma II*. Malheureusement pour les Mexicains et les touristes, il se trouve au British Museum, à Londres.

SERVICE MILITAIRE

Mis en place par le président Manuel Ávila Camacho en 1942, le service militaire est obligatoire dès 18 ans suivant une méthode de tirage au sort. La méthode de sélection des futurs conscrits est plus que singulière : les jeunes sont convoqués un dimanche matin devant la mairie de leur circonscription et appelés par ordre alphabétique. Au même moment, un employé de la mairie plonge la main dans un immense bocal rempli de boules blanches et noires : si la boule blanche est tirée, le jeune appelé fait le service ; s'il s'agit de la boule noire, il est exempté.

En coulisses, la réalité est moins amusante : certaines personnes ont les moyens de corrompre les autorités militaires afin de « changer » le résultat du tirage au sort, et d'autres vont même jusqu'à payer quelqu'un pour qu'il effectue le service à leur place. Pourtant, les taches qui sont réalisées pendant le service militaire sont aussi civiles : vacciner la population, débroussailler de vieux terrains, repeindre des écoles, planter des arbres, accompagner des infirmières dans des missions dangereuses, etc. Depuis 2003, les femmes peuvent effectuer le service militaire si elles le désirent.

SLIM, CARLOS

En 2012, Carlos Slim est classé par la revue Forbes pour la troisième année consécutive comme l'homme le plus riche au monde avec une fortune de 69 milliards de dollars. Il évince ainsi son ami Bill Gates qui se situe en deuxième position – le Français Bernard Arnault est classé, lui, 4e. Carlos Slim détient la totalité du groupe Carso, un des plus importants conglomérats de l'Amérique latine avec des entreprises dans les secteurs de la finance, de l'industrie, du bâtiment, des télécommunications et de la restauration (avec notamment la chaîne Sanborn's*).

SOUS-SOL DES HIRONDELLES

Situé dans l'État de San Luis Potosí, le sous-sol des hirondelles, *sótano de las golondrinas*, est considéré comme l'abîme naturel le plus grand au monde, avec une profondeur de 375 m et 60 m de diamètre. Il tire son nom du fait que ses murs servent aux hirondelles pour construire leur nid. Le visiter est une expérience vertigineuse remplie d'ivresse. L'afflux de touristes et la multiplication des activités à risques comme les sauts en parapente ont provoqué une migration des hirondelles, et les murs du *sótano de las golondrinas* se vident de plus en plus des nids des oiseaux...

STADE AZTÈQUE

Construit sur une superficie de 64 000 m², et pouvant accueillir plus de 100 000 spectateurs, le stade s'appela d'abord *Le coloso de Santa Ursula* (le colosse de Saint

Ursule) ; le qualificatif d'*aztèque* lui fut attribué plus tard après un concours national. Situé au sud-ouest de Mexico, il fut inauguré le 29 mai 1966 et a accueilli deux finales de la coupe du monde de football* en 1970 et en 1986. Il est pour le moment le seul au monde à avoir eu cet honneur et à avoir vu la consécration des plus grandes stars mondiales du foot : Pelé et Maradona. C'est là que le joueur argentin marqua le légendaire « but du siècle ». Les matchs des Jeux Olympiques* de 1968 se disputèrent dans ce même stade.

STANDS DE TACOS

Les stands de *tacos** dans la rue sont des commerces incontournables. Vous les flairerez à quelques mètres de distance avant de les avoir aperçus. La graisse bout et la viande est étalée à la vue de tout le monde. La fumée s'élève au milieu de la friture et les gens s'entassent devant le petit bar improvisé. Alors que le cuisinier prépare les *tacos*, vous aurez l'occasion de découvrir des piments, des sauces, des oignons, des tomates, des radis, des salades, des citrons, du fromage, de la coriandre, le tout en enfilade et entassés les uns sur les autres ; vous pourrez choisir celui que vous voulez en combinant ces ingrédients. Ils seront servis sur une assiette en plastique ; les règles d'hygiène peuvent parfois laisser à désirer. À ce sujet, une parodie mexicaine du film *L'Exorciste* se déroule devant un stand de *tacos* : ne réussissant pas son exorcisme, le père Damien Karras décide de prendre une pause avec la jeune fille possédée. Ensemble, ils vont manger des *tacos* au coin de la rue. À la première bouchée, le diable s'empresse de quitter le corps de la jeune damnée...

SUEÑO DE UNA TARDE DOMINICAL EN LA ALAMEDA CENTRAL

Peint en 1947, le *Sueño de una tarde dominical en la Alameda central* (Songe d'un après-midi dominical sur le parc de la Alameda centrale) est une des plus grandes peintures de Diego Rivera*, tant d'un point de vue artistique que dimensionnel – 15 m de large sur 4,80 m de haut. Rivera y a représenté 400 ans d'Histoire et plus de 150 personnages : Hernán Cortés, Santa Anna*, Benito Juarez*, l'empereur du Mexique Maximilien de Habsbourg, Porfirio Díaz*, Diego Rivera enfant, Frida Kahlo*, Posada* et sa célèbre gravure, la Catrina*... On aperçoit des événements historiques tels que la Conquête, l'Inquisition, la révolution* mexicaine ou des idéologies telle que la lutte des classes, avec un policier qui écarte arbitrairement un Indien d'un couple de riches blonds.

Cette peinture se trouvait dans le salon de l'hôtel del Prado, sur l'avenue Juárez, à Mexico. Lors du tremblement de terre de 1985, on put miraculeusement sauver l'œuvre mais l'hôtel, lui, fut totalement détruit. À son emplacement, on a construit le musée Diego Rivera qui abrite désormais l'immense fresque.

SURNOMS (APODOS)

Au Mexique, tout le monde possède un surnom, un *apodo*. Imaginer par analogie un qualificatif qui correspond au physique, au caractère, au statut, ou à la situation de la personne, de bon ou de mauvais goût, semble être un passe-temps. Les Mexicains adorent stigmatiser les gens, et font preuve d'une vivacité redoutable pour parvenir à leurs fins. Dans le même esprit, ils adorent donner un surnom de femme à un homme pour rabaisser sa virilité. L'exemple le plus parlant est celui d'un des grands narcotrafiquants mexicains, Edgar Valdez Villareal, rebaptisé « La Barbie » car il était blond avec les yeux bleus...

T

TACOS

Les *tacos* sont faits à base de *tortilla** enroulée, farcie soit de poulet, de purée, de haricots, de viande, etc. Ils sont toujours accompagnés d'une sauce tomate, verte ou rouge, et on peut y ajouter si l'on désire de la crème et de la laitue. Les *tortillas* peuvent être simplement chauffées ou frites. Par ailleurs, il est important de retenir que l'on dit « un *taco* » au singulier, et non pas « un tacos » (*tacos* étant le pluriel).

TAMAL

Le *tamal* est une sorte de papillotte faite à base de maïs* moulu, enroulé dans une feuille d'épis de maïs ou bien dans une large feuille de bananier et cuite à la vapeur. Il peut être garni à la viande, sucré ou pimenté. Au petit-déjeuner, on le mange dans une sorte de sandwich appelé *torta de tamal*, accompagné d'une boisson de maïs connue sous le nom d'*atole**.

TAXIS

Les légendaires coccinelles vertes qui parcouraient la ville de Mexico ont disparu. Elles ont été remplacées par des voitures plus courantes. Mais peu sont en bon état; les sièges seront parfois inconfortables et celui du chauffeur occupera toute la place arrière. Néanmoins, le taximètre fonctionne et la course n'est pas chère. Le taxi reste un bon moyen de déplacement, mais attention à ne jamais en prendre un qui n'a pas été hélé ou qui par magie apparaît subitement : il peut s'agir d'une voiture pirate et vous risquez fortement de vous faire dépouiller…

TE-AMO

Le Te-Amo est un cigare fabriqué dans l'État de Veracruz, dans la vallée de San Andrés. Il est reconnaissable à sa classique étiquette rouge. Sa saveur douce est un bon moyen pour s'initier aux plaisirs du *cigarro*.

TEJOCOTE

Connu sous le nom d'aubépine du Mexique, le *tejocote* est originaire du Chiapas. Ce fruit est souvent utilisé lors de la fête des morts, pour les offrandes ou pour concocter des punchs bien chauds que l'on boit toute la nuit.

TÉLÉGRAMME ZIMMERMANN

Sur ordre de l'empereur Guillaume II, le ministre des Relations extérieures allemand, Arthur Zimmermann, envoie en janvier 1917 un télégramme doublement encrypté au président du Mexique, Venustiano Carranza : l'Empire allemand lui propose une triple alliance militaire avec le Japon afin d'envahir les États-Unis. En retour, l'Allemagne aiderait le Mexique à récupérer ses territoires perdus lors de l'intervention nord-américaine (1846-1848) : le Texas, le Nouveau-Mexique et l'Arizona.

Mais le télégramme fut intercepté par les services secrets anglais qui le décodèrent et mirent au courant les États-Unis. Ceux-ci rendirent public son contenu le 1er mars 1917. Le 6 avril, le Congrès nord-américain déclara la guerre à l'Allemagne. Le télégramme Zimmermann est souvent considéré comme l'accélérateur de l'entrée en guerre des États-Unis.

TEMBLOR

Le Mexique est un pays de tremblements de terre. Depuis 1900, on en aurait recensé plus de 70 d'une intensité comprise entre 6 et 8 sur l'échelle de Richter. Et pour cause, le pays se trouve situé sur cinq plaques tectoniques : la nord-américaine, la caraïbe, celle de Cocos, la Rivera et la pacifique. Chaque année, des simulations d'évacuation sont mises en place dans tout le pays, mobilisant une inestimable logistique humaine et matérielle. Le 20 mars 2012, alors qu'une simulation de routine se déroulait dans l'État du Chiapas, la terre se met réellement à trembler. Magnitude : 7,8. Miraculeusement, le pays tout entier en sort indemne.

Le tremblement de terre du 19 septembre 1985 qui secoua le pays et fit plus de 10 000 victimes a marqué les consciences. À l'époque, le centre de Mexico a été littéralement secoué pendant deux minutes et plusieurs bâtiments ont succombé à la magnitude de 8,1 sur l'échelle de Richter. La destruction fut importante, et le chaos s'empara de la ville, mal préparée à cette intensité de secousse. Cette catastrophe est considérée aujourd'hui comme la pire tragédie naturelle de Mexico.

TEMPLO MAYOR

Comme son nom l'indique, le Templo Mayor est le principal temple de l'ancienne ville de Tenochtitlán*. Le récit de sa découverte en 1978 est déjà toute une histoire : en plein de cœur de Mexico, des ouvriers de la compagnie nationale de l'électricité travaillant sur des réseaux de câblage près du Zócalo, trouvent un monolithe circulaire d'un diamètre de 3,5 m. Une équipe d'archéologues se rend sur place et constate qu'il s'agit du monolithe de la déesse lunaire aztèque, Coyolxauhqui*. Ce bas-relief, enterré depuis 500 ans, est d'un incalculable intérêt car il témoigne de l'emplacement précis de Tenochtitlán*. Ainsi réussit-on à mettre au jour les restes de cette grande cité précolombienne enfouie depuis sa destruction lors de la Conquête.

D'une manière surnaturelle, les bâtiments mitoyens construits par les Espagnols commencèrent à s'écrouler dès le XVIIe siècle, comme une revanche du passé. En réalité, il s'agissait d'une mécanique des fluides très connue : la poussée d'Archimède. Construite sur un lac, Tenochtitlán avait été enfoncée par les bâtiments coloniaux. Lorsqu'ils furent retirés, le site fut repoussé vers le haut, en détériorant les cimentations des édifices aux alentours. Les fouilles archéologiques sous les rues de Mexico dévoilèrent les différentes étapes de construction du Templo Mayor : les Aztèques ne détruisaient pas, ils construisaient par-dessus. On découvrit aussi des objets associés à la divinité Tlaloc*, dont des vases merveilleux, une magnifique sculpture du dieu des morts*, Mictlantecuhtli, et de la déesse de la terre, Tlaltecuhtli. On déterra aussi des pièces de monnaie de Teotihuacán. Toutes ces trouvailles sont exposées *in situ* au Musée du Templo Mayor.

Les fouilles continuent toujours sous le sol de la capitale. Mais verront-elles un jour la lumière? Sous la cathédrale du Zócalo gît le Templo del Sol, ainsi qu'un jeu de pelote: les dégager impliquerait détruire la cathédrale... Grand dilemme archéologique.

TENOCHTITLÁN

Construite sur un îlot du lac de Texcoco, Mexico-Tenochtitlán fut fondée en 1325 par les Aztèques. Au centre de la ville se dressait le centre religieux du Templo Mayor* où concourraient les quatre avenues principales. Des chaussées reliaient aussi la ville aux rives. Grâce à la construction des *chinampas**, les Aztèques réussirent à dompter et maîtriser l'environnement lacustre. Quand Moctezuma II* devint empereur en 1502, Tenochtitlán était à son apogée. Plusieurs populations sont alors tributaires des Aztèques qui leur font la guerre, faute de paiement. Cet assujettissement sera la clé de la Conquête espagnole, car les opprimés se rangeront du côté de Cortés. La ville et les sculptures des divinités, dont 78 temples rien qu'au centre de la ville, furent totalement détruites par les Espagnols en 1521 après un siège de 75 jours. Cortés redoutait ces idoles, qu'il considérait comme des démons.

Après la mort de Moctezuma II, Cuauhtémoc, le dernier empereur aztèque, se rendit aux Espagnols. Il fut torturé et on lui brûla les pieds afin qu'il dévoile l'endroit où se trouvait le trésor – en vain. Il sera pendu quatre ans plus tard. Mexico-Tenochtitlán devint, dans le sang, la capitale de la Nouvelle-Espagne, et sa physionomie changea complètement. Le lac fut asséché, même si quelques espaces humides demeurent encore à Xochimilco*, le Templo Mayor, rasé, est remplacé par la cathédrale, actuellement sur le Zócalo, dans le cœur de Mexico.

TEOTIHUACÁN

Teotihuacán est une des villes majeures de Mésoamérique. Contrairement aux autres sites archéologiques mexicains, l'origine de ses fondateurs et la raison de son déclin demeurent un mystère. Quand les Aztèques découvrirent Teotihuacán, celle-ci était déjà abandonnée et sa civilisation avait disparu. Ils effectuèrent des fouilles et donnèrent son nom actuel à la ville, qui signifie « le lieu où sont nés les dieux », et l'associèrent au mythe des Cinq Soleils*. La cité dévoile aussi les traces et le passage d'autres civilisations, tels que les Toltèques.

Sur une superficie de 20 km, le site est impressionnant, avec les quatre kilomètres de l'Avenue des morts, la magistrale Pyramide de la lune, le temple de Quetzalcóatl*, sous lequel plusieurs squelettes humains furent découverts lors des fouilles, et les sculptures de Tlaloc*, le dieu de la pluie. Au bout de l'Avenue, après un long parcours, vous découvrirez aussi l'imposante Pyramide du soleil.

TEPITO

Le marché populaire de Tepito, l'un des plus vastes de la capitale, est connu pour vendre toutes sortes de contrefaçons et d'objets pirates ou volés. S'étalent ostensiblement des CD gravés, des jeux informatiques ou logiciels, des parfums, des médicaments illégaux, des aphrodisiaques, de la drogue, des armes, des chaussures, des vêtements, des appareils électroménagers, de la pornographie, etc. On peut s'y faire falsifier un document, tel qu'un diplôme, une facture ou une attestation, ainsi qu'acheter des tampons officiels du gouvernement... À Tepito, où l'insécurité règne et où le risque de se faire dévaliser à n'importe quel moment de la journée est grand, on trouve tout. Le quartier, contrôlé par des bandes qui régissent l'économie souterraine des marchés noirs et des produits illégaux, est aussi devenu le lieu qui rassemble le plus grand nombre de fidèles du culte de la Santa Muerte*. Tepito est un monde à part où tout est possible. Il fascine par ses excès, son danger latent, sa profusion d'objets et la richesse d'une culture populaire authentique.

TEQUILA

Tequila est une ville située dans l'État de Jalisco dont la principale activité est la culture de l'agave*. Après distillation de celui-ci, on obtient une des boissons alcoolisées les plus connues au monde : la Tequila. C'est une appellation d'origine contrôlée. Attention, en espagnol le terme est masculin, on dit *el Tequila*.

Boire le verre de Tequila d'un seul coup est une idée reçue. Il s'agit d'une boisson que l'on se doit se déguster, surtout si elle est « reposée » (*reposado*) ou « vieillie » (*añejo*). La Tequila peut s'accompagner d'une autre boisson sucrée et très pimentée : la *sangrita*. La combinaison est parfaite avec du citron vert, du sel, un *guacamole** et des *nachos*.

TÊTES COLOSSALES OLMÈQUES

Les têtes olmèques, au nombre de 17, ont été découvertes à la Venta, dans l'État de Tabasco. Taillées dans le basalte, aux traits très marqués et relevés, ce sont de colossales sculptures mesurant entre 3 et 4 mètres posées à même le sol. Certaines sont plus endommagées que d'autres. Elles portent des traces visibles de détérioration qui ressemblent plutôt à des tentatives de destruction manquée. Il existe plusieurs hypothèses sur ce qu'elles pourraient représenter : dieux, guerriers, chefs... les anthropologues ne réussissent toujours pas à apporter une réponse précise.

TÊTES DE MORT EN SUCRE

Les têtes de mort, les *calaveras**, sont des crânes en sucre, ornés de confiseries de toutes les couleurs. Elles sont concoctées à l'occasion de la Fête des morts* et portent sur leur front le nom de la personne à qui elles sont destinées. Le geste d'en offrir une peut paraître lugubre pour un étranger, mais au Mexique, l'iconographie de la mort est avant tout celle d'une fête que l'on célèbre, car elle est le début d'une autre vie à l'écart du monde des vivants. Les têtes sont une offrande aux disparus, et à ceux qui vont mourir, donc les vivants...

TILMA (VIERGE DE GUADALUPE)

Le mot *tilma* vient du náhuatl *tilmatli* qui désigne un drap utilisé par les paysans en guise de cape.

Lors de son apparition, l'image de la Vierge de Guadalupe* s'est imprimée sur la *tilma* de Juan Diego Cuauhtlatoatzin*. Cette relique est néanmoins source de polémiques. Quelle est son origine? L'image est-elle vraiment le produit d'un miracle ou est-ce l'œuvre d'un peintre indien? D'après les sceptiques, la *tilma* qui se trouve à la basilique de Mexico n'aurait pas pu être portée par Juan Diego pour deux raisons: elle est beaucoup trop grande pour lui et la qualité du tissu (d'une très bonne confection) ne correspond pas à la couverture que les Indiens avaient l'habitude de porter. De plus, les recherches scientifiques en laboratoire auraient démontré que la cape aurait été préparée: l'image de la vierge de Guadalupe aurait été peinte dessus par un Indien appelé Marcos Cipac de Aquino... Au XXIe siècle, d'autres controverses autour de la *tilma* se sont ajoutées: en 2002, les droits de reproduction de l'image auraient été vendus par la basilique à une entreprise américaine...

TLATELOLCO 68

Le 2 octobre 1968, à Mexico, sur la place des Trois Cultures, dans le quartier de Tlatelolco, l'armée mexicaine ouvrit le feu sur des milliers d'étudiants et de civils qui manifestaient pacifiquement; les rescapés trouvèrent refuge dans les bâtiments alentour, mais l'armée ira jusqu'à les chercher à l'intérieur des appartements pour les capturer et torturer. Cette tuerie est considérée aujourd'hui comme un des actes les plus impitoyables et répressifs de l'État mexicain envers sa population civile, et comme une des attitudes gouvernementales des plus cyniques: dix jours après le massacre, les Jeux Olympiques* étaient inaugurés à Mexico en exaltant et glorifiant « la paix ». Le nombre précis de victimes est à ce jour toujours inconnu...

Vingt ans plus tard, le réalisateur mexicain Jorge Fons a fait de ce tragique événement le sujet de son film, *Rojo amanecer* (*Aube rouge*). Il concentre la dramaturgie dans un seul et unique espace : l'appartement d'une famille de classe moyenne. Témoins des faits qui se déroulent sous la fenêtre de leur salon, les enfants et leur mère sont impuissants face à la barbarie humaine.

TOPES (DOS-D'ÂNE)

Les *topes* – prononcez [tôt-pès] – sont une vraie épidémie. Disposés d'une manière anarchique, ils sont bâtis dans les endroits les plus insolites : devant une maison, une borne de taxis, un stand de *tacos**, ou en pleine autoroute au milieu d'un aride désert... Destinés à ralentir la circulation, et loin d'être confectionnés en caoutchouc, ils ressemblent parfois à des murets ou à de larges rampes où vous aurez l'impression de faire du motocross. La voiture n'en sortira jamais indemne.

TOURS DE SATÉLITE

Situé à l'entrée de Ciudad Satélite, au nord de la ville de Mexico, cet ensemble architectural monumental est composé de cinq tours mesurant entre 30 et 52 m de haut. Construites en 1957, elles ont été conçues par le sculpteur Mathias Goeritz, et l'architecte Luis Barragán* pour préfigurer la modernité. Dressées dans la perspective du périphérique et au centre de celui-ci, elles obligent les voitures à les contourner de part et d'autre. Colossales, perçant le ciel de leur couleur rouge, blanc, jaune et bleu, elles accueillent de manière imposante les visiteurs qui viennent de Mexico. Elles demeurent le symbole de la banlieue de Satélite.

TORTILLA

La *tortilla* est la base de l'alimentation mexicaine. C'est une sorte de galette réalisée avec une pâte à base de maïs* en boule que l'on aplatit avec la main. L'écrivain Egon Erwin Kisch décrit subtilement l'art de faire les *tortillas* dans son ouvrage *Découvertes au Mexique*: « À force de claques, la boule devient une galette ronde et mince. Pour la rendre encore plus ronde et plus mince, les femmes la font voler indéfiniment en grands arcs de cercle, d'une paume à l'autre avec la rapidité de l'éclair ». C'est avec la *tortilla* que l'on fait les *tacos** et les *quesadillas**. Attention, vous ne trouverez pas au Mexique les *tortillas* pliées artificiellement et prêtes à l'emploi pour cuisiner des *burritos.*

TROC

Sur le marché dominical de Zacualpan de Amilpas, dans l'État de Morelos, le troc continue de se pratiquer exactement de la même manière qu'il y a 300 000 ans. Tous les dimanches, les commerçants viennent échanger leurs produits à l'instar de leurs ancêtres. Ce marché serait au Mexique le seul système de troc ancien survivant encore de nos jours.

TULUM

Tulum est un site archéologique spectaculaire. Situé dans la péninsule du Yucatán, au cœur du pays maya, au sein de la réserve de la biosphère de Sian Ka'an*, l'endroit, érigé sur une falaise, est inoubliable : la pyramide principale, le Castillo, fixe paisiblement le bleu ciel de la mer des Caraïbes du haut de son sommet ; en contrebas, la plage de sable blanc contemple l'embrun. La baignade est irrésistible. Malheureusement, en haute saison, vous ne serez pas le seul à avoir eu cette idée...

TZOMPANTLI (MUR DES CRÂNES)

Du náhuatl*, *tzontli*, crâne ou tête, et *pantli*, file, le *tzompantli* est une structure en bois sur laquelle sont disposés en enfilade, et sur plusieurs étages, les crânes des sacrifiés. Il ressemble à un ossuaire. Le musée du Templo Mayor*, à Mexico, en abrite un.

V

VENDEURS AMBULANTS

Dans le métro de Mexico, on peut faire ses achats pendant le trajet grâce à une série de vendeurs de toute sorte. Ceux-ci proposent rouge à lèvres, piles, tournevis, livres, pastilles pour la toux, aspirine, sucreries, stylos, lunettes de soleil, kits de couture et autres marchandises aussi surprenantes les unes que les autres. On trouvera aussi des compilations de musique pirates, ainsi que des DVD visualisables grâce à un système que les commerçants ambulants se sont confectionnés : le lecteur est introduit dans un sac à dos troué afin de laisser un espace pour l'écran... Le métro ressemble souvent à un centre commercial ambulant.

VENGEANCE DE MOCTEZUMA (LA)

On parle de la « vengeance de Moctezuma », quand un touriste est victime d'une infection digestive qui provoque la diarrhée. Une croyance populaire prétend que l'empereur Moctezuma II* prend sa revanche contre les étrangers...

VIERGE DE GUADALUPE

La Vierge de Guadalupe apparut à Juan Diego

Cuauhtlatoatzin* en 1531, sur le cerro de Tepeyac, à l'endroit où les Indiens vénéraient jadis la déesse mère aztèque, Tonantzin. Le récit raconte qu'elle aurait demandé à Juan Diego de lui bâtir une église sur ce lieu. Juan Diego relata cette apparition à l'évêque du village, Juan de Zumárraga, mais ce dernier resta sceptique. Lorsque la Vierge réapparut, elle figea alors sa propre image sur la *tilma** de Juan Diego, la lui remit et dit : «Apporte cette image de moi, il te croira». On fit alors bâtir la cathédrale Notre-Dame de Guadalupe, à la place du sanctuaire de Tonantzin. Symboliquement, lorsque le premier Indien vénéra la Vierge, le premier Mexicain moderne naquit, issu du syncrétisme religieux. L'image de la Vierge imprimée miraculeusement sur la *tilma* de Juan Diego se trouve aujourd'hui dans la basilique de Guadalupe, à Mexico.

La Vierge de Guadalupe est adorée par la plupart des Mexicains. Tous les ans, le 12 décembre, un immense pèlerinage commence depuis l'aube. Certains des fidèles se rendent jusqu'au sanctuaire à genoux et déposent leurs offrandes. Les pèlerins arrivent de tout le pays, chantent des chansons à la Vierge accompagnés par des *mariachis** ; des artistes défilent comme lors d'un concert de rock, et l'aumône atteint ce jour-là des sommes incommensurables. Toute la journée, une masse noire et amorphe de gens s'agglutine devant l'image de la Vierge. Dans l'atrium de la basilique, plus de 6 millions de fidèles s'unissent dans un acte de communion.

VILLA, PANCHO

Pancho Villa, de son vrai nom José Doroteo Arango Arámbula, était un paysan en cavale, pour avoir tué son patron. Lorsque la Révolution* éclate en 1910, il prend les armes et forme une armée de 300 hommes. Très vite, il attaque les villes du nord, dont Chihuahua et Ciudad Juárez*, et en 1914, la ville de Mexico avec Zapata* avec qui il partage la cause paysanne. Mais Villa et Zapata ne s'accaparent pas le pouvoir. Venustiano Carranza, un politicien, en profite et devient en 1915 président, reconnu par Washington. Villa s'indigne et envahit avec 400 hommes la ville de Columbus aux États-Unis, puis revient au Mexique. Considérant cet acte comme une provocation, l'armée nord-américaine pénètre alors au Mexique à la recherche de Villa. C'est l'expédition punitive Pershing qui dura six mois – le révolutionnaire demeura introuvable.

En 1916, l'Europe est alors en guerre, et l'Allemagne cherche à éviter l'intervention des États-Unis au côté des Anglais et des Français. Le kaiser Guillaume II aurait contacté Villa lui demandant de les « distraire ». Et plus tard, pour gagner encore du temps, l'Allemagne enverra le fameux télégramme Zimmermann*...

Villa se retira de la lutte armée dans les années 1920, et obtint du gouvernement une *hacienda*. Il sera tué en 1923 par ses anciens ennemis.

VOITURIER

Les voituriers, aussi appelés *valet parkings*, campent devant tous les commerces. Que vous alliez dans un restaurant, faire vos courses, à la librairie, à la pharmacie, vous aurez inévitablement affaire à ces individus et vous serez obligé de vous y soumettre, et de les rémunérer. Ne laissez jamais rien de valeur dans votre voiture : il y a peu de chance de le retrouver. Une astuce sinon : laissez de la monnaie dans le véhicule, lorsque vous le récupérerez, l'argent aura disparu. Vous direz alors au *valet parking* : « Désolé, j'avais de la monnaie ici, je ne la retrouve plus... Je vous payerai une autre fois... ». Les *valets parkings* sont souvent accompagnés des *franeleros**.

VOLADORES DE PAPANTLA

La danse des *voladores* de Papantla est un rite ancien totonaque. Des hommes se jettent du haut d'un mât et tombent à la vitesse à laquelle les cordes auxquelles ils se sont attachés se déroulent. Pendant ce temps, sur le sommet du poteau, un danseur joue de la flûte d'un son aigu. C'est un spectacle vertigineux que l'on peut apprécier à Papantla, dans l'État de Veracruz, et dans la ville de Mexico, à l'entrée du musée d'Anthropologie.

W

WESTERN

Le genre, romantique ou épique, s'inspire de divers événements historiques qui eurent lieu lors de la « conquête de l'Ouest » menée par les États-Unis à la fin du XIXe siècle. Affrontements avec les Indiens, guerre avec le Mexique (1846-1848) ou révolutions mexicaines – malgré l'anachronisme – et sécession du sud des États-Unis servent d'arrières-plans. Souvent apparaissent à l'écran, dans le rôle de mauvais garçons, des Mexicains anti-gringos*, caricaturés avec *sombreros* et *pistoleros*. En fait, bien que le décor fasse référence au paysage mexicain, à des mythes ou à des histoires mexicaines, comme l'épopée de Pancho Villa ou celle de Zapata, il n'en demeure pas moins un pur produit nord-américain. Pourtant, certains films sont devenus cultes, comme *Le bon, la brute et le truand*, *Il était une fois la Révoultion*, *Vera Cruz*, *Alamo*, et bien d'autres.

X-Y

XIPE TOTEC

Xipe Totec – prononcez [chi-pé-to-tèque] –, « Notre Seigneur l'écorché » (du náhuatl* *xipe*, écorché, *to*, notre, *tecutli*, seigneur), est dans la mythologie aztèque une des divinités associées au maïs*, à l'agriculture et essentiellement au renouveau : le Dieu aurait enlevé sa peau pour nourrir la terre. C'est la raison pour laquelle, en retour et en guise d'offrande, on réalisait des sacrifices en arrachant la peau d'un prisonnier. Xipe Totec est représenté avec un masque qui recouvre sa tête et une deuxième bouche ; une seconde peau recouvre tout son corps.

XOCHIMILCO

La zone touristique de Xochimilco – prononcez [so-tchi-mille-ko] – se trouve au sud-est de Mexico. Le terme est composé des mots en náhuatl* *xóchitl*, fleur, et *milli*, champ ensemencé. Xochimilco est le seul témoignage vivant de l'ancienne ville de Tenochtitlán*, conservant encore ses canaux et ses *chinampas** telles que les Espagnols les découvrirent à leur arrivée. On peut parcourir le quartier sur des barques fleuries que l'on loue (*trajineras*). Sur l'eau, des commerçants proposent de goûter des épis de maïs* frits alors que des *mariachis** vous accompagnent tout le long du trajet.

XOCHIPILLI

Xochipilli – prononcez [so-tchi-pi-li] – est le « Seigneur des fleurs » (du náhuatl* *xochitl*, fleur et *pilli*, prince). Il est la divinité des fêtes, du chant et de la danse. Orné dans le panthéon aztèque de fleurs et de papillons, il est associé au printemps et au maïs*. Au musée d'Anthropologie, à Mexico, on peut voir une représentation du Xochipili en position sédentaire.

XOLOIZCUINTLE

Le *xoloizcuintle* – prononcez [chaud-lo-isse-kouine-clé] – est une race de chien typiquement mexicaine. Son nom vient du náhuatl* qui signifie « chien froissé », *xolóchtic* (froissé) et *ixcuintli* (chien). Au Mexique, on appelle aussi les enfants *ixcuintli*, voire *escuincle*, pour dire « gamin, gosse ou morveux ».

YAQUIS

Originellement établis dans l'État de Sonora, les Yaquis sont un peuple indigène victime d'un génocide. Considérés comme des guerriers, ils ont longtemps résisté à la Conquête espagnole. Au XIXe siècle, ils ont hargneusement défendu leurs terres que le gouvernement central cherchait à saisir. Sous la dictature de Porfirio Diaz*, ils furent poursuivis et déportés dans l'État du Yucatán : ils réussirent à revenir dans leur région d'origine à pied. Les Yaquis se considèrent comme une nation indépendante.

Z

ZAPATA, EMILIANO

Né à Anenecuilco, dans l'État de Morelos, au centre du pays, Emiliano Zapata (1879-1919) est une figure mythique de l'histoire du Mexique. Son portrait, à l'instar de celui de Che Guevara, est devenu une icône universelle de justice et de révolte. D'origine paysanne, Zapata s'engage dans la Révolution* de 1910 en prônant le slogan des frères Flores Magón : « Tierra y libertad ». L'insurgé et sa troupe harcèlent les *hacendados* (riches terriens) qui s'étaient approprié les terres sous le régime de Porfirio Diaz*. L'armée zapatiste, composée d'agriculteurs armés, prend la ville de Mexico en 1914. Zapata rencontre alors l'autre grand révolutionnaire, Pancho Villa*, qui luttait dans le nord pour la même cause, pour essayer d'établir un programme commun. Cet événement a été immortalisé sur une photo par Victor Casasola (*voir archives*). Concentrés sur la défense paysanne, ils oublièrent la classe ouvrière ; le mouvement armé se trouva alors dépourvu d'un vrai programme, et commença une guerre de factions dans laquelle, trahi, Zapata sera tué dans une embuscade, en 1919.

Pour compléter

À LIRE

GRUZINSKI Serge, *Le Destin brisé de l'Empire aztèque*, Gallimard.

TAUBE Karl, *Mythes aztèques et mayas*, Points Seuil.

LE CLÉZIO JMG, *Le Rêve mexicain ou La Pensée interrompue*, Gallimard, Folio.

PAZ Octavio, *Le Labyrinthe de la solitude*, Gallimard. Un essai fondamental pour comprendre le Mexique.

FUENTES Carlos, *La Mort d'Artemio Cruz*, Folio. Un panorama du Mexique moderne dressé par un homme sur son lit de mort.

ARRIAGA Guillermo, *Un Doux parfum de mort*, Points. Un policier épuré et captivant dès le premier chapitre.

À VOIR

Miss Bala, Gerardo NARANJO, 2012. Un film sur les narcotrafiquants et les reines de beauté.

Las olvidadas de Juárez, Gregory NAVA, 2007. Un regard très hollywoodien sur les disparues de Ciudad Juárez, avec Jennifer Lopez et Antonio Banderas.

Traffic, Steven SODERBERGH, 2005. Trafic de drogue entre USA et Mexique, avec Michael Douglas et Benicio del Toro.

Man in fire, Tony SCOTT, 2005. Un film violent sur les kidnappings et l'extorsion au Mexique, avec Denzel Washington.

Amours chiennes, Alejandro González IÑÁRRITU, 2003. Trois histoires violentes sur l'amour et qui concourent en un même instant à Mexico, avec Gael Garcia Bernal. Une vision intéressante du Mexique.

Frida, Julie TAYMOR, 2002. Un film sur la vie de Frida Kahlo, avec Salma Hayek.

¡Que viva México! Sergueï EISENSTEIN, 1930-1979. 70 000 mètres de film inachevé sur le Mexique d'une extraordinaire qualité.

À ÉCOUTER

Cruzar la cara de la luna, Mariachi VARGAS DE TECALITLÁN, Houston Grand Opera, Albany Records (2011). L'histoire cruelle de trois générations au Mexique et aux États-Unis. Le seul et unique opéra mariachi... enregistré à Houston !

Montezuma, 1733, Antonio VIVALDI. Un opéra peu connu de Vivaldi et un des rares qui mettent en scène la Conquête espagnole. La partition n'a été découverte que dans les années 2000.

Dépôt légal : février 2013
Imprimé en Espagne